Roswitha Kornprobst

Mutter Teresa

Zeichen der Hoffnung

Topos plus Taschenbücher

Topos plus **Verlagsgemeinschaft**

Butzon & Bercker, Kevelaer | Don Bosco, München
Echter, Würzburg | Verlag Katholisches Bibelwerk, Stuttgart
Lahn-Verlag, Kevelaer | Matthias-Grünewald-Verlag, Ostfildern
Paulusverlag, Freiburg Schweiz | Friedrich Pustet, Regensburg
Tyrolia, Innsbruck Wien

Bibliografische Information der Deutschen Nationalbibliothek

Die Deutsche Nationalbibliothek verzeichnet diese Publikation in der Deutschen Nationalbibliografie; detaillierte bibliografische Daten sind im Internet über http://dnb.d-nb.de abrufbar.

2007 Verlagsgemeinschaft Topos plus, Kevelaer

Originalausgabe

Einband- und Reihengestaltung:
Akut Werbung GmbH, Dortmund
Herstellung: Pustet, Regensburg
Printed in Germany

Topos plus – ISBN: **978-3-7867-8621-4**

www.topospIus.de

Inhalt

Vorwort

„Mische dich ohne Aufhebens unter jene, die leiden, die nicht verstanden oder immer noch verachtet werden, und bleib bei ihnen, im Frieden und in der Freude Christi, um für sie ein Zeichen der Hoffnung zu sein."

(Weisung der Gründerin der Kleinen Schwestern Jesu)

Mutter Teresa gehörte zu den großen Persönlichkeiten des 20. Jahrhunderts; sie ist zu einem glaubwürdigen und aufrüttelnden Symbol christlicher Nächstenliebe geworden. Mit ihren Mitschwestern lebte sie arm unter den Armen. Für Todkranke in Kalkutta, für Krüppel und Aussätzige, für Blinde und für Waisenkinder war sie die letzte Rettung. Ihre Augen, ihr Lachen, ihr freundliches Gesicht – vom asketischen Leben, von der Fronarbeit der Nächstenliebe und von der Hitze gegerbt – strahlten den Optimismus einer Frau aus, der Gott in den Elendsvierteln Indiens begegnete.

Ihre Menschlichkeit wirkte anziehend und ihr Einsatz steckte an. Besonders junge Menschen waren und sind von ihr begeistert. Fröhlich, unabhängig und nüchtern lebte Mutter Teresa überzeugend die Einheit von Glaube und Liebe. Sie stellte sich ganz in den Dienst Gottes; alles, was sie tat, war nur für Jesus: „Nicht ich lebe, Christus lebt in mir!" (Gal 2,20)

Als Mutter Teresa 1968 in London weilte, wurde sie von dem Journalisten Malcolm Muggeridge für das BBC-Fernsehen interviewt. Damals wirkte Mutter Teresa sehr nervös, sie antwortete in einfachen, aber ehrlichen Sätzen. Muggeridge war von dieser kleinen, zähen Frau beeindruckt: „Es war für mich eine jener besonderen Situationen, wo ein bislang unbekanntes Gesicht sich aus allen anderen als einzigartig und in höchstem Maße bedeutsam heraushebt, um von da an immer erkennbar zu bleiben" (Spink, S. 154 f.).

Ich selber durfte Mutter Teresa mehrmals begegnen und mit ihr sprechen. Sie war klein, freundlich und zurückhaltend und wirkte völlig unscheinbar in ihrem einfachen Sari und den ausgetretenen Sandalen, mit ihren stets zum Friedensgruß aneinandergelegten Handflächen. Ihre Augen hatten einen außergewöhnlichen Glanz, auf den Lippen war stets ein Lächeln. Mit einfachen Sätzen erzählte sie von ihrer Arbeit bei den Ärmsten der Armen und forderte mich mit eindringlichen Worten auf, die Nächsten in meiner Umgebung zu lieben und ihnen zu dienen.

Ihr Charisma hat bei mir einen unauslöschlichen Eindruck hinterlassen. Einmal betrat sie ganz leise den Raum, in dem ich mich gerade mit anderen mit dem Rücken zur Tür stehend unterhielt. Wir hörten sie nicht, spürten aber einen Windhauch und waren ganz plötzlich eigenartig ergriffen. Da wusste ich, dass ich einer heiligmäßigen Frau begegnet war.

Roswitha Kornprobst

Tägliches Gebet der „Missionarinnen der Nächstenliebe“

Mach uns würdig, Herr, unseren Mitmenschen in der ganzen Welt zu dienen, die in Armut und Hunger leben und sterben. Gib ihnen durch unsere Hände heute ihr tägliches Brot, durch unsere verstehende Liebe Frieden und Freude.

Herr, mache mich zu einem Werkzeug deines Friedens,
dass ich dort, wo Hass ist, Liebe bringe;
wo Unrecht herrscht, den Geist des Verzeihens;
wo Uneinigkeit ist, Einigkeit;
wo Irrtum herrscht, Wahrheit;
wo Zweifel ist, Vertrauen;
wo Verzweiflung ist, Hoffnung;
wo Schatten sind, Licht;
wo Traurigkeit ist, Freude.

Herr, lass mich weniger danach trachten,
getröstet zu werden, als zu trösten;
verstanden zu werden, als zu verstehen,
geliebt zu werden, als zu lieben.
Denn wer sich hingibt, der empfängt;
wer sich selbst vergisst, der findet sich;
wer verzeiht, der erlangt Verzeihung;
und wer stirbt, der wird auferweckt zum ewigen Leben.
Amen.

(Franz von Assisi zugeschrieben)

Die Anfangsjahre

Jugendzeit und erste Berufung

Mutter Teresa, mit bürgerlichem Namen Agnes Gonxha Bojaxhiu, wurde am 26. August 1910 in Skopje, das damals zum Osmanischen Reich gehörte und heute Hauptstadt des unabhängigen Mazedoniens ist, geboren und einen Tag später getauft. Ihre Eltern Nikola und Drana waren Albaner. Zusammen mit ihrem Bruder Lazar und ihrer Schwester Aga verbrachte Agnes, die Jüngste der Familie, liebevoll Gonxha, „Rosenknospe", genannt, eine glückliche Kindheit und Jugend. Die Familie war wohlhabend. Der Vater verdiente sein Geld als erfolgreicher Geschäftsmann. Er war politisch aktiv und setzte sich für die Rechte der Albaner ein.

Im Ersten Balkankrieg 1912 erklärte sich Albanien für unabhängig, was auch in der Familie Bojaxhiu Freude auslöste. Mazedonien wurde serbisch; die Herrschaft der Türken war damit beendet. Der Vater engagierte sich als Stadtrat und bekam mit den serbischen Behörden immer mehr Schwierigkeiten. Als er im Jahre 1919 gesund zu einer Sitzung nach Belgrad reiste, kam er schwer krank nach Hause zurück. Kurze Zeit später starb er im Krankenhaus, möglicherweise an einer Vergiftung.

Schlagartig verschlechterte sich die finanzielle Lage der Familie Bojaxhiu. Mutter Drana ließ sich aber nicht entmutigen. Sie musste ihre drei Kinder allein großziehen – Agnes war damals erst neun Jahre alt – und begann, Teppiche, Stoffe und Stickereien von örtlichen Handwerkern zu verkaufen. So konnte sie ihr eigenes Haus halten und den Kindern eine solide Ausbildung ermöglichen.

In Skopje waren die Katholiken neben den Muslimen und den orthodoxen Christen eine kleine Minderheit. Umso mehr standen sie zu ihrem Glauben. Auch Drana Bojaxhiu war eine tief religiöse Frau, die ihren Kindern den katholischen Glauben weitergab und mit ihnen regelmäßig zur Kirche ging und abends den Rosenkranz betete. Schon als Schülerin wurde Agnes in der Pfarrei Mitglied einer religiösen Mädchenvereinigung. Sie besuchte eine höhere Schule und war musisch hoch begabt; mit ihrer Schwester sang sie im Kirchenchor und spielte Mandoline und Klavier; sie schrieb sogar Gedichte.

Aber die Familie war auch darauf bedacht, ihren Glauben in die Tat umzusetzen. Einmal in der Woche besuchte sie Kranke in der Stadt. Arme wurden unterstützt. Mutter Teresas Bruder erzählte einmal: „Da war eine arme Witwe mit sieben Kindern, von denen die meisten noch ganz klein waren ... Uns Kindern brach es das Herz, wenn wir sie mit unserer Mutter besuchten und diese armen Geschöpfe sahen, die sich mit einem einzigen großen Bett begnügen mussten ... Ein einziger Raum für acht Personen, eine winzige, düstere Küche, kein WC ... Agnes war oft bei diesen schmutzigen, schlecht genährten Kindern. Meist besuchte sie die Familie am Nachmittag, wobei sie immer etwas zu essen mitbrachte. Als die Mutter starb, waren die sieben Kinder praktisch bei uns zu Hause."

Nach dem 2. Weltkrieg ließ sich Agnes' Bruder Lazar in Sizilien nieder. Ihre Mutter und ihre Schwester Aga zogen in den dreißiger Jahren nach Tirana um, der Hauptstadt Albaniens. Mutter Teresa sollte sie nach ihrem Klostereintritt nie mehr wiedersehen. Die kommunistischen Behörden Albaniens verweigerten ihr die Einreise, obschon sich Mutter Drana nichts sehnlicher wünschte, als vor ihrem Tod die Tochter noch einmal sehen zu können. Drana Bojaxhiu starb 1972, Aga ein Jahr später.

Mutter Teresas einmalige Berufung hat ihre Wurzeln in ihrer glücklichen Jugendzeit. Als der Universitätsdozent und spätere Journalist Malcolm Muggeridge Mutter Teresa fragte, wie ihre Berufung angefangen habe, gab sie zur Antwort:

> „In Skopje in Jugoslawien. Ich war damals erst zwölf Jahre alt. Ich lebte zu Hause bei meinen Eltern. Wir Kinder besuchten eine nichtkatholische Schule, aber wir hatten sehr gute Priester, die den Jungen und Mädchen halfen, ihrer Berufung gemäß dem Willen Gottes zu folgen. Damals

wusste ich zum ersten Mal, dass ich eine Berufung für die Armen hatte ... Ich wollte Missionarin werden, ich wollte hinausgehen und den Menschen in den Missionsländern das Leben Christi geben. Damals waren einige Missionare von Jugoslawien nach Indien gegangen. Sie erzählten mir, dass die Loreto-Schwestern in Kalkutta und anderen Städten arbeiteten ... Zwischen zwölf und achtzehn wollte ich keine Ordensschwester werden. Wir waren eine sehr glückliche Familie. Aber als ich achtzehn war, entschloss ich mich, meine Heimat zu verlassen und Nonne zu werden, und von da an habe ich die ganzen vierzig Jahre lang nie auch nur eine Sekunde daran gezweifelt, dass ich das Richtige getan habe. Es war der Wille Gottes. Es war seine Wahl" (Muggeridge, S. 67f.).

Im Sommer 1928 war es so weit. Agnes war 18 Jahre alt und schrieb an das Mutterhaus der Loreto-Schwestern in Dublin wegen eines möglichen Eintritts und bekam einen positiven Bescheid. Als Agnes sich mit ihrer Familie besprach, waren ihre Mutter und ihr Bruder nicht begeistert. Lazar hatte eben eine Militärakademie in Albanien besucht und war nun Leutnant. Ihm schrieb Agnes auf seine Vorhaltungen: „Du nimmst dich so wichtig im Dienst eines Königs von zwei Millionen Menschen. Nun, auch ich bin Offizier, aber um dem Herrn der Welt zu dienen. Wer von uns hat Recht?" Schließlich überwand auch die Mutter ihren Schmerz, akzeptierte die Entscheidung ihrer jüngsten Tochter und sagte: „Mein Kind. Lege deine Hände in die Hände unseres Herrn Jesus Christus. Begleite Ihn bis zu deinem letzten Atemzug. Lebe nur für Gott. Unsere heilige Mutter wird dir helfen, zu tun, was Er will."

Die Trennung vom Elternhaus fiel Agnes sehr schwer. Doch am 26. September 1928 stand sie am Bahnhof in Skopje und wartete auf den Zug. Nach einem längeren Aufenthalt in Zagreb und einer Reise quer durch Europa erreichte sie ihr Ziel: Am 12. Oktober trat Agnes ins Loreto-Kloster in Rathfarnham, Dublin, ein, das zum Orden der Englischen Fräulein gehört, die nach der Jesuitenregel leben. (Gegründet wurde die Gemeinschaft von Mary Ward im Jahre 1609, die nach dem Motto lebte: „Zeige dich, wie du bist, und sei so, wie du dich zeigst!“ Seit 2004 nennen sich die Englischen Fräulein bzw. Maria-Ward-Schwestern Congregatio Jesu.) Dort blieb sie sechs Wochen, hauptsächlich um Englisch zu lernen, die Umgangssprache ihres Ordens.

Am 1. Dezember 1928 stach Agnes in See Richtung Indien; Kalkutta erreichte sie am 6. Januar 1929. Sie hatte keine Zeit, sich einzugewöhnen. Denn schon nach wenigen Tagen wurde sie in das klimatisch angenehme Darjeeling, 500 km nördlich von Kalkutta, geschickt, um das Noviziat zu beginnen. Dort war ein führendes Zentrum europäischer Erziehung. Agnes lernte nun die Geheimnisse des Ordenslebens kennen und wurde spirituell geformt. Da das besondere Apostolat der Loreto-Schwestern in der Mädchenbildung lag, musste Agnes die einheimischen Sprachen Bengali und Hindi lernen. Zudem erhielt sie eine Ausbildung zur Pädagogin.

Im Noviziat, das sie am 24. Mai 1931 mit den zeitlichen Gelübden auf Armut, Ehelosigkeit und Gehorsam abschloss, hatte Agnes den Namen Teresa angenommen. „Aus respektvoller Sympathie gegenüber der ‚kleinen‘ heiligen Thérèse von Lisieux, mit der sie einiges gemeinsam hatte: den Dickkopf, die Vorliebe für einfache Problemlösungen und – die stürmische Leidenschaft für Gott“ (Feldmann, S. 17).

Bei den Loreto-Schwestern

Nach ihrem zweijährigen Noviziat wurde die junge Nonne Maria Teresa von Darjeeling nach Kalkutta versetzt und der „St. Mary’s High School“ für bengalische Mädchen aus den besten Häusern Kalkuttas zugewiesen, die die Schwestern von Loreto in Entally, im Osten der Stadt, unterhielten. Diese Schule war ein stiller, friedlicher Ort, eine Oase mit gepflegtem Rasen und hübsch uniformierten Kindern in einer der bevölkerungsreichsten und schäbigsten Gegenden, umgeben von Slums und Fabriken und großen Müllhalden.

Hier unterrichtete Maria Teresa etwa 17 Jahre lang Geographie und Geschichte. Eine Zeit lang war sie sogar Direktorin der Schule und galt dort als eine energische, dynamische und sehr engagierte Nonne. Sie war eine hervorragende Lehrerin mit Führungsqualitäten, die sie auch als Leiterin der „Töchter der heiligen Anna", einer indischen Kongregation, die den Loreto-Schwestern angeschlossen war, unter Beweis stellen konnte.

Am 24. Mai 1937, mit noch nicht ganz 27 Jahren, legte sie ihre ewigen Gelübde ab und wurde ab da „Mutter" Teresa genannt, eine in ihrem Orden übliche Bezeichnung für Lehrpersonen. Sie widmete sich in Entally mit ganzem Herzen der geistigen und geistlichen Erziehung bengalischer Mädchen.

Ihr zur Seite stand damals der Spiritual der Marianischen Kongregation von Entally, Pater Henry. Seiner Ansicht nach sprudelt eine so einmalige Berufung, wie sie Mutter Teresa eigen war, nicht plötzlich wie ein Geysir aus dem Boden. In einem Gespräch mit Desmond Doig wusste er darüber zu berichten:

> „1938 landete ich in Indien, um nie wieder nach Hause zu gehen. 1948 wurde ich hier festgenagelt zur Betreuung der Bengali-Gemeinde. Unsere Kirche war in Entally, wo Mutter Teresa Direktorin war. Wir beide haben das gleiche Geheimnis. Wir arbeiten auf parallelen Wegen. Gebet ohne Tat ist überhaupt kein Gebet; das ist ihre Überzeugung. So trafen wir uns jeden Donnerstag, um dem Land und dem Nächsten zu dienen. Wir, das ist die Sodalität Unserer Lieben Frau. Von 1941 bis 1947 haben Mutter Teresa und ich zusammengearbeitet. Das ist unser Geheimnis: Wir wollen für die Ärmsten der Armen wirken.
>
> Samstags taten wir Sozialarbeit. Wir gingen zu Leuten in den Krankenhäusern, um sie zu trösten. Oder in die Slums. Danach versammelten wir uns und besprachen, was wir gelernt hatten. Mutter Teresa trägt einen Zauber in sich. Ihr Streben ist, Gott zu erfahren. Sie holte einige Mädchen aus der Sodalität und veranlasste sie, dem Land und dem Nächsten zu dienen.

> Damals kam jene Bettlerin zur Mutter und bat um Hilfe. Man gab ihr gutes Essen, und sie schlief in Mutter Teresas Bett. Mutter nannte sie ‚Oma'. So liebt man den Nächsten durch die Tat.
>
> Hindu- und Moslemmädchen wollten der Sodalität und den Sozialkursen beitreten. Sie wollten helfen. Das war 1947; die Unabhängigkeit (Indiens) lag in der Luft. Mahatma Gandhi hatte gesagt: ‚Macht keine Gesetze, wenn ihr nicht an den Ärmsten denkt, den ihr kennt!'" (Doig, S. 48f.).

Mutter Teresa sah von „St. Mary" täglich den Schmutz der Slums jenseits der Klostermauern, die armen und kranken Menschen von Motijheel, um die sich niemand kümmerte; sie wurde dadurch immer stärker beunruhigt. In ihrem Innern verspürte sie den Auftrag, durch ihr Tun das Los der Allerärmsten zu lindern und sie zu Gott zu führen.

Geistlich wurden diese Menschen völlig vernachlässigt. Mutter Teresa bat um Erlaubnis, mit spärlichen Mitteln – wie etwas Aspirin, Verbandszeug und Jod – und dem festen Willen zu helfen, in diese Slums gehen zu dürfen.

Dort erhielt sie dann den wahren Einblick in die Armut und in den Schmutz der Slums, in die Not der Kranken, die niemand pflegt, in das Elend einsamer Menschen, die sich einfach auf die Straße legen und sterben, in die Ängste Tausender von Waisenkindern, die allein umherirren und für die niemand sorgt.

Vielleicht wusste Mutter Teresa damals noch nicht, dass es für sie keinen Weg mehr zurück geben konnte. Sie erkannte nur, dass sie ihr Ziel im Rahmen der vorgegebenen Strukturen organisierter Bildungsarbeit unmöglich würde erreichen können. Da die Zielgruppe dieser Arbeit vor allem die Mittel- und Oberklasse war, blieb ihr nichts anderes übrig, als aus diesem System auszubrechen und etwas völlig anderes zu beginnen.

Zweite Berufung

Am 12. September 1946 begannen für Mutter Teresa die jährlich wiederkehrenden Exerzitien in Darjeeling, einem beliebten Bergkurort auf über 2000 m Höhe am Fuß der Himalajariesen.

Am Abend des 10. September brach Mutter Teresa auf und bestieg den überfüllten Zug nach Darjeeling. Sie betete den Rosenkranz und las danach in der Bibel im Matthäusevangelium das berühmte Kapitel 25, dessen 40. Vers lautet: „Was ihr für einen meiner geringsten Brüder getan habt, das habt ihr mir getan." Mutter Teresa dachte an ihre erste Berufung, der sie mit 18 Jahren gefolgt war. Sie dachte an das Elend so vieler Menschen in Kalkutta, das sie schon oft gesehen hatte. Nun schien es ihr, als ob Jesus selbst ihr nahelegte: Liebe mich in diesen erbarmungswürdigen Kreaturen. Ich warte auf dich und deine Liebe in den Slums von Kalkutta.

Mutter Teresa selbst beschrieb diesen Ruf folgendermaßen:

> „Es war ein neuer Ruf des Herrn, eine Berufung innerhalb der Berufung. Der Herr lud mich ein, nicht meinen Stand als Ordensfrau aufzugeben, sondern ihn ‚abzuändern', damit er mehr dem Evangelium und dem missionarischen Geist, den er mir gegeben hat, entspräche. Es war eine Einladung, meine Berufung … zu vervollkommnen. Ich spürte, dass der Herr mich rief, auf das ruhige Leben in meiner Kongregation zu verzichten, um auf die Straßen hinauszugehen und den Armen zu dienen. Es war eine klare, eindeutige Botschaft: Ich musste das Kloster verlassen und mit den Armen leben. Aber nicht mit irgendwelchen Armen. Er rief mich, den Verzweifelten zu dienen, den Ärmsten der Armen in Kalkutta: denen, die nichts und niemand haben; denen, die von allen gemieden werden, weil sie ansteckende Krankheiten haben und schmutzig sind, voller Mikroben und Parasiten; denen, die nicht umhergehen können, um Almosen zu erbetteln, weil sie nackt sind und nicht einmal einen Lumpen haben, den

sie sich überziehen könnten ...; denen, die nicht mehr essen können, weil sie durch den Hunger so geschwächt sind, dass sie nicht mehr die Kraft haben, die Speisen zu kauen; denen, die auf der Straße zusammenbrechen, die am Ende sind ..., wissend, dass sie bald sterben werden; denen, die nicht mehr weinen, weil sie keine Tränen mehr haben. Das waren die Menschen, die Jesus mir während dieser Reise zu lieben gebot. Meine Exerzitien in Darjeeling bestanden im Nachdenken über die Botschaft, die ich empfangen hatte, und als ich nach Kalkutta zurückkehrte, war ich entschlossen, mein Leben zu ändern" (Allegri, S. 56 f.).

Schon einmal hatte Gott Mutter Teresa gerufen: zum Ordensleben. Nie hatte sie daran gedacht, diese Berufung aufzugeben. Aber nun hatte sie von Gott den Auftrag erhalten, im Rahmen dieser Berufung ein anderes Werk und einen anderen Dienst zu vollbringen.

„In diesem Moment, als sie die Weisung zu dem neuen Weg in ihrem Herzen vernahm, begann das eigentliche Werk der Mutter Teresa. Hier endet ihre Biographie, und hier beginnt die Biographie jener heiligen Frau von Kalkutta, deren Leben sich fortan in noch radikalerer und ausschließlicher Weise auf die – wie sie es nennt – Stimme Gottes verlässt" (Konermann, S. 57).

Jesus wollte, dass sie ihm diene in den Ärmsten der Armen, den Hilflosen, den Slumbewohnern, den Verlassenen, den Heimatlosen. Dies hatte sie zutiefst verspürt. Es war Jesus selbst, der sie aufforderte, ihm in unmittelbarer, materieller Armut zu dienen und nachzufolgen. Er verlangte von ihr, einen Lebensstil und eine Lebensform zu verwirklichen, durch die sie jenen Bedürftigen gleich würde, in denen er selbst gegenwärtig war, litt und geliebt wurde:

„Denn ich war hungrig, und ihr habt mir zu essen gegeben;
ich war durstig, und ihr habt mir zu trinken gegeben;

ich war fremd und obdachlos, und ihr habt mich aufgenommen;
ich war nackt, und ihr habt mir Kleidung gegeben;
ich war krank, und ihr habt mich besucht;
ich war im Gefängnis, und ihr seid zu mir gekommen.
Dann werden ihm die Gerechten antworten: Herr, wann haben wir dich hungrig gesehen und dir zu essen gegeben, oder durstig und dir zu trinken gegeben?
Und wann haben wir dich fremd und obdachlos gesehen und aufgenommen, oder nackt und dir Kleidung gegeben?
Und wann haben wir dich krank oder im Gefängnis gesehen und sind zu dir gekommen?
Darauf wird der König ihnen antworten: Amen, ich sage euch: Was ihr für einen meiner geringsten Brüder getan habt, das habt ihr mir getan" (Mt 25,35–40).

Diese Worte Jesu wurden Mutter Teresas Leitgedanken; auf den Glauben an diese Worte wollte sie ihre neue Arbeit gründen, denn auch sie glaubte daran, dass die Menschen nach Liebeswerken und nicht nach außergewöhnlichen Taten gerichtet werden. Schon oft hatte Mutter Teresa über das unglückliche Los jener vielen nachgedacht, die kaum eine Chance haben, die Liebe Gottes am eigenen Leib zu erfahren. Als Braut Christi war sie bereit, den Willen Gottes gehorsam, mit liebevoller Hingabe und ohne Widerstand anzunehmen.

An ihr lag es nun, der kirchlichen Autorität – dem Erzbischof von Kalkutta und ihren Ordensobern – ihre Berufung deutlich und kenntlich zu machen und deren Zustimmung und Segen zu erlangen. Zunächst musste sich Mutter Teresa an den Erzbischof von Kalkutta, Msgr. Périer, wenden, der zunächst skeptisch war. Es gab schon etliche religiöse Gemeinschaften in Kalkutta, die im Dienst an den Armen wirkten. Der Erzbischof zweifelte, ob die Gründung einer weiteren Gemeinschaft wirklich gerechtfertigt war.

1947 besprach er sich mit Pater Henry: „Können Sie sich vorstellen, dass eine europäische Nonne, die indische Mädchen unterrichtet, einen Orden gründen will, um unter den Ärmsten der Armen zu arbeiten?“ Er erwiderte: „Bischöfliche Gnaden, dieser Plan ist, menschlich gesprochen, unmöglich, aber er ist notwendig.“ Der Erzbischof entgegnete: „Wenn er notwendig ist, wird Gott ihn segnen.“

So ließ sich der Erzbischof überzeugen. „Sein Vertrauen in sie und ihre Berater sollte sich auszahlen. Mit dem Konzept, den Ärmsten der Armen als Ärmste unter den Armen zu dienen, hat Mutter Teresa der christlichen Nächstenliebe und damit auch der Kirche weltweit einen Zugewinn an Glaubwürdigkeit verschafft“ (Sammer 2003, S. 22).

Nach Erhalt seiner Zustimmung schrieb Mutter Teresa mit Erlaubnis der Generaloberin der Loreto-Schwestern, die viel Verständnis für ihren Wunsch zeigte, nach Rom an Papst Pius XII. und stellte einen Antrag auf Exklaustration. (Das bedeutet kirchenrechtlich Abschied vom gemeinsamen klösterlichen Leben. Dennoch blieb sie Ordensfrau, weiterhin an ihre Gelübde gebunden und dem Erzbischof unterstellt.)

Mutter Teresa wollte einen neuen Orden gründen. Doch dabei gab es große Schwierigkeiten, denn Rom hatte kein besonderes Interesse an einer unnötigen Vermehrung von Frauenorden, da es derer schon genug gab. Die Traditionen der bereits bestehenden Orden ließen sich aber nicht mit Mutter Teresas zweiter Berufung vereinbaren.

> „Mutter Teresa wollte eine ganz spontan bewegliche Gruppe von Mitarbeiterinnen, die hinausgehen und die Leute aufsuchen würden. Sie sollten nicht unter den Armen, sondern unter den Ärmsten der Armen arbeiten. Daher konnte Mutter Teresa nicht bereits gebahnte Wege gehen. Sie wollte ganz von vorne, ohne jede Vorgabe beginnen, in der Erziehung der Novizinnen ihre eigenen Wege gehen und sie dazu bringen, ihren Geist in sich aufzunehmen und zu entwickeln. Die Zukunft sollte ihr Recht geben“ (Le Joly, S. 30).

Am 12. April 1948 wurde ihre Bitte von Rom bewilligt. Mitte August desselben Jahres legte sie das Habit der Loreto-Schwestern ab und kleidete sich in einen bescheidenen weißen Sari mit blauer Borte aus rauem Baumwollstoff, wie ihn die armen Frauen Indiens tragen. An ihrer linken Schulter hing von nun an ein kleines Kruzifix. Das Kreuz sollte in ihrem Leben gegenwärtig sein und die Gesinnung ihres Herzens bezeichnen, sie wach halten und mahnen und an Christus erinnern, der das Kreuz aus Liebe für sie und alle Menschen getragen hat.

Es war aber für Mutter Teresa nicht leicht, das behagliche Loreto zu verlassen, wo sie sehr glücklich war. Sie sagte darüber:

> „Dass ich Loreto verlassen musste, das war mein größtes Opfer, das Schwerste, was ich jemals habe tun müssen. Es war viel schwerer als damals, als ich doch meine Angehörigen und meine Heimat verlassen musste, um in den Orden einzutreten. Loreto war einfach mein Ein und Alles. Dort habe ich meine geistliche Ausbildung bekommen. Dort wurde ich eine Ordensfrau. Dort habe ich mich Jesus zugeeignet. Die Arbeit, den Unterricht, habe ich geliebt" (Le Joly, S. 30).

Mutter Teresa vertauschte die Sicherheit und Gemeinschaft von Loreto mit einem Leben ohne Kameradin, ohne Geld, ohne Beschäftigung, ohne Garantie und völlig ohne Schutz. Doch ihr reiner Glaube, ihre völlige Hingabe an Gott ließ sie diese Wahl annehmen und die damit verbundene Unsicherheit und Ungewissheit ertragen: „Mein Gott, Dein bin ich. Auf Dein Wort, auf Deine Berufung vertraue ich. Du wirst mich nicht fallenlassen."

Mutter Teresa lebte nun schon fast 20 Jahre in Indien. Um sich ganz mit Indien und dem indischen Volk zu identifizieren, nahm sie 1948 die indische Staatsbürgerschaft an.

Um sich auf ihre neue Aufgabe vorzubereiten, ging Mutter Teresa für drei Monate nach Patna zu den amerikanischen medizinischen Missionsschwestern, wo sie einen Intensivkurs in Krankenpflege absolvierte. Gegen Weihnachten war sie wieder zurück in Kalkutta und wohnte vorerst bei den „Kleinen Schwestern der Armen". Damit begann ihr Wirken in Kalkutta.

Unermüdlicher Einsatz für die Ärmsten der Armen

Situation in Kalkutta/Indien

Das alltägliche Indien ist weder ein Land der Bettler noch der Fakire und Maharadschas, wie wir es von Abenteuerfilmen her kennen. Auch wenn Indien zu den aufstrebenden Schwellenländern gehört, so kämpfen viele Inder immer noch zäh und mühsam um das tägliche Brot, und für nicht wenige von ihnen beginnt jeder Tag mit dem Kampf um ein paar Stunden bezahlter Arbeit.

Die indischen Städte, auch Kalkutta, quellen über von Menschen, müssen sie doch neben ihrem eigenen Bevölkerungswachstum ständig Zuwanderer vom Land absorbieren. Hier ist die Not auch schreiender und aufdringlicher als auf dem Land.

Kalkutta – seit 2001 offizieller Name: Kolkata –, die Hauptstadt des indischen Bundesstaates Westbengalen, ist heute eine Stadt von 4,6 Millionen Einwohnern (Ballungsraum 14,7 Mio.). 25 000 Menschen leben auf einem Quadratkilometer. Zu der Zeit, als Mutter Teresa mit ihrer Arbeit anfing, hatte die Stadt etwa 2,5 Millionen Einwohner.

Viele Einwohner Kalkuttas haben kein festes Heim und leben auf den Straßen. Man schätzt die Zahl der Heimatlosen auf 300 000. Nachts liegen die vielen Obdachlosen unter Straßenlaternen, in Einfahrten, vor Ladentüren oder zwischen Kotflügeln.

Hunderttausende sind zeitlebens ohne Arbeit, und zwei Drittel der Bevölkerung leben weit unter dem Existenzminimum. Viele leben von der Wiederverwendung dessen, was andere bereits weggegeben haben. Sie verdienen ihren Lebensunterhalt damit, dass sie systematisch stinkende Abfallhaufen nach essbaren Sachen durchsuchen, nach Papier, das sie für ein paar Münzen verkaufen können, nach Gläsern, Lumpen und vielem mehr, in der Hoffnung, dass ihnen der Verkauf für einen Tag das Überleben sichert.

Weil die Bevölkerung rapide wächst, wird jede vernünftige Planung unmöglich gemacht. Die Stadt droht unter ihrem Überdruck zu explodieren. In jedem Jahr kommen viele Flüchtlinge aus den Überschwemmungs-, den Hunger- und den Dürregebieten, die das Hinterland Kalkuttas bilden.

Die Slums in Kalkutta sind Brutstätten für Cholera, Typhus und Tuberkulose, für Verbrechen und politische Radikalität. Hunderttausende von Obdachlosen und Kranken leben nur von Spenden. Neben Nobelhotels und Luxusappartements macht sich der Gestank der Armut breit. Wie in kaum einer anderen Stadt der Welt hausen Arme und Reiche auf so engem Raum nebeneinander.

Hier lag das Arbeitsfeld Mutter Teresas, die dieses himmelschreiende Elend in einer beispiellosen Form zu lindern versuchte.

Beginn der Arbeit in den Slums

Das Elend der Kinder in den Slums der Stadt ging Mutter Teresa zu Herzen. Den Kindern fehlt es an allem: an Nahrung, Kleidung, Betreuung, Medikamenten und an Unterricht. Jährlich werden in Indien Zehntausende von Kindern geboren, um die sich niemand kümmert. Keiner weiß, wovon sie leben. Sie hungern. Geborgenheit oder Zuwendung erfahren sie nie.

Mutter Teresa hatte kein Geld; ihr Anfangskapital bestand aus fünf Rupien, aus ihrer Arbeitskraft und ihrem Gottvertrauen.

Am 28. Dezember 1948 eröffnete sie in Motijheel, den Slums jenseits der Mauern der St. Mary's High School, ihre erste Schule:

> „Es war einfach ein offener Platz zwischen den Hütten. Keine Tafel, keine Bänke, keine Stühle, nichts. Nur ein offener Platz. Mutter gewann einen Arbeiter, der nichts zu tun hatte, das Gras mit einem Spaten abzuheben, dann nahm sie einen Stock und schrieb auf den Boden in den Schmutz. Sie schrieb das bengalische Alphabet, sprach ein

> Gebet und fing mit ein paar Kinderreimen an. Schon am zweiten Tag stiftete irgendwer einen Tisch, einen Stuhl und später einen Schrank" (Doig, S. 90).

Ehemalige Schülerinnen und andere junge Frauen kamen und halfen ihr bei der Arbeit mit den Kindern. Obwohl es größere Kinder waren, die zu ihr kamen, hatten sie nie eine Schule besucht, und keine Schule wollte sie. Mutter Teresa brachte ihnen außer dem Alphabet auch bei, wie man sich wäscht und das Haar kämmt. Diejenigen, die nicht sauber waren, wusch sie erst einmal gründlich mit Wasser. Wenn die Kinder regelmäßig kamen, aufmerksam und reinlich waren, gab sie ihnen zur Belohnung ein Stück Seife.

Für ihre Schule benötigte sie natürlich Geld. Sie hatte anfangs nur fünf Rupien; als aber die Leute erfuhren, was sie tat, brachten sie Sachen und Geld. Für Mutter Teresa war alles göttliche Vorsehung, denn sie bettelte nie um Geld, sie wollte nur freiwillige Beiträge. Alles betrachtete sie als Geschenk. Sie wollte den Armen nur um der Liebe Gottes willen dienen.

Nach längerer Zeit des Suchens fand sie einen kleinen Raum in Motijheel, den sie mieten und wo sie Schule halten konnte.

Es muss vielen Zeitgenossen, die die ersten Tage ihres Wirkens als „Missionarin der Nächstenliebe" miterlebten, ziemlich übertrieben oder zumindest unwirksam vorgekommen sein, dass die Rektorin einer sehr guten Oberschule Kindern das Alphabet beibringen wollte, die nie in die Verlegenheit kommen würden, etwas lesen zu müssen.

Mutter Teresa lehrte Kindern den Gebrauch von Seife, die es sich wahrscheinlich nie in ihrem Leben würden leisten können, Seife zu kaufen.

Sie versuchte verzweifelt, diese Ärmsten der Armen vom Boden aufzuheben, in ihnen den Sinn für Anstand und Selbstwert zu entwickeln und ihnen zu zeigen, dass Gott sie liebt.

Und sie bewies, dass all diese Anstrengungen nicht ergebnislos blieben.

Waren es am ersten Tag im Jahre 1948 nur fünf Kinder, die ihre Schule besuchten, so waren es im Jahre 1971 schon über 5000 Schüler. 1979 gab es die unglaubliche Zahl von 142 Slumschulen mit 20257 Kindern.

Es ist kaum auszudenken, wie viel Verwahrlosung mit dem ganzen Gefolge von Trunk- und Drogensucht, Kriminalität usw. so verhindert wurde. Weil Jahrgänge und Generationen einander folgen, entfaltete sich die Breiten- und Tiefenwirkung erheblich.

Die ersten Monate waren für Mutter Teresa sehr hart. Nicht alle Menschen brachten ihr Verständnis entgegen. Die viele Arbeit forderte Mutter Teresa sehr und konnte mühsam sein, aber auch erfüllend: „Wenn ich bei der Arbeit bin und die vielen Leidenden sehe, dann denke ich an nichts anderes als an sie und bin wirklich sehr glücklich."

Nur ihr großes Gottvertrauen gab ihr die Kraft durchzuhalten. Immer wieder betete sie: „Du, Herr, Du allein, alles für Dich; gebrauche mich. Du hast mich aus meinem Orden herausgeholt, wo man mich brauchen konnte. Nun führe Du mich nach Deinem Willen."

Sie wurde erhört: Der Herr ließ sie eine Unterkunft finden, und er sandte ihr Helfer, damit sie das Werk Christi fortsetze. Pater Henry half ihr bei der Suche nach einem kleinen Zimmer. Bei Michael Gomes, einem wohlhabenden Wohltäter, fand er für sie schließlich eine kostenlose Unterkunft, von wo aus sie ihr Wirken unter den Armen Kalkuttas beginnen konnte. Sie wollte nämlich in armer Umgebung leben. Michael Gomes berichtete über seine erste Begegnung mit Mutter Teresa: „Das ganze Stockwerk hier stand leer, weil meine Brüder fort waren, nur Möbel und sonstige Habe waren darin abgestellt. So kam Mutter Teresa und zog in das Zimmer ein. Sie brachte leere Bretterkisten mit und eine Packkiste als Tisch. Dazu einen Koffer und einen Stuhl. Das war alles, was sie hatte" (Doig, S. 83).

Mutter Teresa zog von dort jeden Tag in die Slums. Allein! Sie hielt Unterricht, bettelte um Brot und Medikamente und

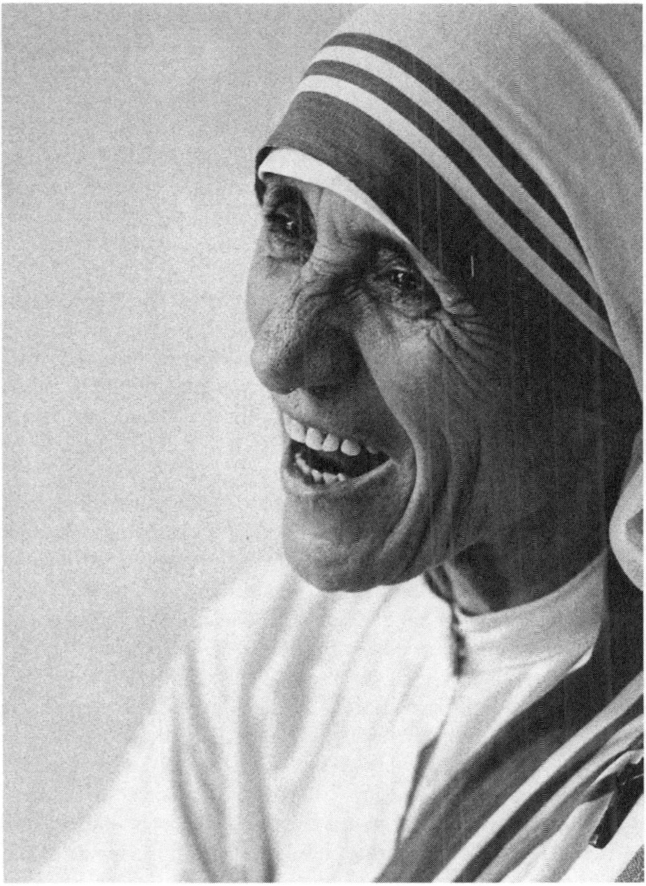

Mutter Teresa, Indien 1973

versorgte damit Kranke. Sie wanderte von Elendsquartier zu Elendsquartier und arbeitete pausenlos. Jeden Abend ging sie in die Kirche, um zu beten. Zu essen hatte sie fast nichts, da sie wahrscheinlich alles weggab.

Als sie einmal allein bei der Arbeit war, stieß sie auf einen Mann, dessen Daumen vom Wundbrand befallen war. Er musste entfernt werden, damit sich nicht noch eine schlimmere Infektion entwickeln würde. Mutter Teresa nahm eine Schere und schnitt den Daumen ab. Patient und „Chirurgin" fielen beide in Ohnmacht.

Mutter Teresa fühlte sich oft recht einsam und völlig nutzlos in den großen Slums. Das Armsein spürte sie von Anfang an in seiner ganzen Härte. Bisweilen war sie unsicher und zweifelte; der Versucher trat an sie heran und erinnerte sie an die Geborgenheit in der Gemeinschaft von Loreto. In einem Tagebuch, das sie während der ersten Monate ihres neuen Lebens führte, heißt es:

> „Heute lernte ich eine gute Lektion. Die Armut der Armen muss oft sehr hart für sie sein. Als ich herumging, um nach einem guten Platz zu schauen, da ging und ging ich weiter, bis mich meine Beine und meine Arme schmerzten. Ich dachte, wie auch sie an Leib und Seele leiden müssen, um ein Heim zu haben, Nahrung, Hilfe. Dann wurde die Versuchung stark: Die Häuser der Loreto-Schwestern sah ich vor mir, all die schönen Dinge, ein gutes Leben und die Leute, die man täglich trifft – all das. ‚Du brauchst nur ein Wort zu sagen, all das gehört dir wieder.' So sprach der Versucher immer wieder. Mein Gott, in freier Wahl und aus Liebe zu Dir will ich bleiben und tun, was immer Dein heiliger Wille für mich ist. Ich ließ nicht eine einzige Träne kommen. Auch wenn ich noch mehr leiden muss als jetzt, ich will deinen heiligen Willen tun" (Neuner, S. 338).

Erste Helferinnen

Am 19. März 1949 schloss sich Mutter Teresa ein junges Bengalenmädchen an, Subhasini Das, die in der Klosterschule von

Loreto ihre Schülerin gewesen war. Sie wählte als Schwesternnamen Mutter Teresas Taufnamen Agnes. Zwischen ihnen entwickelte sich eine große Vertrautheit, denn Mutter Teresa vergaß ihr nie, dass sie die Erste war, die an sie und ihre schwere Arbeit bei den Ärmsten der Armen geglaubt hatte. Schwester Agnes wurde Mutter Teresas zweites Selbst und musste später Mutter ständig vertreten, da diese oft unterwegs war. Mit ihr zusammen hielt sie Unterricht und besuchte kranke Menschen in den Slums.

Allmählich fanden sich weitere Bewerberinnen ein.

Wie es am Anfang zuging – sie wohnten alle bei Michael Gomes im Obergeschoss seines Hauses –, beschrieb eine der ersten Mitschwestern so:

„Heute ist Mutter ein Begriff. Man liest über sie in den Zeitungen. Damals war sie gar nichts. Wir schlossen uns ihr einfach blind an. Heutzutage sieht man Mädchen auf der Straße, sie gehen zur Schule und zur Universität und bewegen sich ganz selbständig. Damals hatten die Mädchen nicht so viel Freiheit, und sie gingen wohl kaum in die Slums, um bei den Armen zu arbeiten. … Wir waren keine gewöhnlichen Nonnen. Unsere Arbeit war ganz anders, bei Menschen, die in der Gesellschaft keinen Wert und keine Achtung besaßen. Dass wir unsere Zeit damit verbringen sollten, für die Ärmsten zu arbeiten, unter Aussätzigen zu arbeiten … wie konnten unsere Familien und Freunde das verstehen?

Damals verstanden wir selbst den Ernst dieser Arbeit nicht. Wir hatten noch keine Vorstellung von ihrer Art und ihrem Ausmaß. Wir hätten nie geglaubt, dass es einmal ein Heim oder eine Schule geben würde. Als es notwendig war, fingen wir einfach an zu arbeiten. Wir sahen, dass es eine Menge unterernährter Kinder gab und arme Sterbende und dass die Hospitäler nichts für sie tun konnten, wie viele können sie schon aufnehmen? Und außerdem ist Medizin nicht genug. Wir versuchten eben einfach, ihnen ein bisschen Hilfe auf den Straßen zu geben. Wenn sie starben, benachrichtigten wir die Polizei. Fünf Jahre machten wir das so, dann erkannte Mutter, dass wir ein Heim eröffnen mussten.

Wir bettelten immer um Arzneien. Mutter bettelte bei verschiedenen Missionen, bei Freunden, bei jedermann. Jetzt erhält sie wenigstens Spenden, damals war sie unbekannt. Sie lebte beinahe selbst auf der Straße. Wir mussten mit dem bloßen Existenzminimum auskommen. Und Mutter musste uns, die erste Gruppe, regelrecht ausbilden, sodass die anderen folgen konnten. Wenn wir jetzt den anderen Schwestern erzählen, wie wir in der ersten Gruppe gelebt haben, können sie es nicht glauben. Sie sagen, es sei unglaublich. Es war unglaublich. Es musste so sein.

Wir mussten jeden Tag unsere Kleider waschen, weil wir mit ansteckenden Krankheiten in Berührung kamen. Wir gebrauchten die billigste Seife, die zu bekommen war. Wir waren der Meinung, dass Waschpulver für die Reichen sei. ... Es war hart. Aber sie (Mutter Teresa) wollte, dass es hart war. Sie wollte es nicht leicht haben, und sie ging nicht willkürlich mit ihren Idealen, mit ihrer charismatischen Gabe um. Sie war ständig auf den Beinen und bei der Arbeit, und so merkte sie nicht, wie hart es war. Sie hatte gar nicht die Absicht, es zu merken. Sie wusste, es war ein Teil unserer Ausbildung. ... Es soll, es muss eine harte Ausbildung sein. Die Mühe und die Schwierigkeit werden von vornherein einkalkuliert, sonst gäbe es dies alles nicht. Es wäre nicht möglich gewesen" (Doig, S. 80f.).

Gründung der Kongregation „Missionaries of Charity" (M.C.)

Mutter Teresa brauchte mit der Zeit immer mehr Helferinnen. Darum gründete sie 1950 die Schwesternkongregation „Missionaries of Charity" – Missionarinnen der Nächstenliebe, deren Kennzeichen der weiße Sari mit blauer Borte und das Kreuz auf der linken Schulter ist.

Auf Anraten des Erzbischofs von Kalkutta schrieb sie einen detaillierten Bericht und verfasste die Konstitutionen, in denen die Ziele und die Regel der neuen Kongregation enthalten waren. Ein Jesuit, Pater van Exem, korrigierte und ergänzte sie. Der Erzbischof prüfte sie, legte sie seinen Experten vor und schickte sie nach Rom. Am 7. Oktober 1950 erhielt der neue Orden die Anerkennung Roms durch Papst Pius XII.

Bei der Messe im Obergeschoss von Gomes' Haus, die der Erzbischof zelebrierte, verlas Pater van Exem das Gründungsdekret. „Eine kleine Gruppe von Frauen unter der Führung von Schwester M. Teresa hat es sich mit ganzem Herzen und zu großem Gewinn für Seelen zur Aufgabe gemacht, den Armen zu helfen ... in unserer Millionenstadt. ... Kein anderer bestehender Orden erfüllt den Zweck, den diese neue Institution anstrebt. ... Jene, die dieser Institution beitreten wollen, müssen entschlossen sein, sich unablässig dafür einzusetzen, ... die Ärmsten, Verlassenen, die Kranken, Siechen und Sterbenden aufzusuchen, sie mit allem Fleiß zu versorgen und ihnen die Botschaft des Christentums zu bringen, mit der zielstrebigen Absicht, ihre Bekehrung und Heiligung zu erreichen ... Dazu werden sie jegliche apostolische Arbeit und Aufgaben verrichten, wie niedrig und erbärmlich sie sein mögen" (Spink, S. 62).

Zwölf Mitglieder zählte die Schwesterngemeinschaft bei ihrer Gründung. 1979 waren es bereits 1718 Schwestern (inkl. Novizinnen und Postulantinnen). Heute gibt es 4892 aktive Schwestern aus 94 Nationen, die in 750 Niederlassungen in 134 Ländern tätig sind.

Neben den üblichen Gelübden geistlicher Orden – Armut, Keuschheit und Gehorsam – kommt hier ein viertes Versprechen hinzu: das Gelöbnis, von ganzem Herzen, ohne Entgelt den Ärmsten der Armen zu dienen. „Das Programm, das Mutter Teresa ihrer Kongregation durch die Regel und die Konstitutionen geben wollte, ist ganz aufs Evangelium ausgerichtet. Es gründet auf der grundlegenden Lehre Jesu, der Liebe." Der folgende Auszug aus den Konstitutionen zeigt sehr deutlich das Grundanliegen des neuen Ordens:

> „Es ist unser Ziel, dem unstillbaren Verlangen unseres Herrn Jesus Christus nach Liebe zu genügen durch getreue Befolgung der evangelischen Räte und durch freien und

> ungeteilten Dienst an den Ärmsten der Armen gemäß den Worten und dem Leben unseres Herrn … Unsere besondere Mission besteht im Wirken für die Erlösung und Heiligung der Ärmsten der Armen. Wie Jesus von seinem Vater gesandt wurde, so sendet er auch uns und erfüllt uns mit seinem Geist, damit wir seine Gute Botschaft der Liebe und des Mitleidens unter den Allerärmsten auf der ganzen Welt verkünden. … Eine Missionarin der Nächstenliebe muss Botin dieser Liebe Gottes sein. Ihr Herz muss erfüllt sein von Nächstenliebe. Nur so kann sie Seele und Herz der Mitmenschen erreichen, der Christen und der Nichtchristen“ (Allegri, S. 78 f.).

Mutter Teresa wollte nicht, dass sich die Missionarinnen der Nächstenliebe nur als Sozialarbeiterinnen fühlen. Denn der Unterschied zwischen einer Sozialarbeiterin und einer Missionarin der Nächstenliebe ist für sie etwas sehr Wesentliches. Sie erklärte dazu in ihrer Rede anlässlich der Übergabe des „Templeton-Preises“ in London am 25.4.1973:

> „Die Hindus arbeiten im Sozialdienst, und wir arbeiten im Sozialdienst, aber sie arbeiten für eine Sache, und wir arbeiten für eine Person. Hier machen sich Achtung, Liebe und Hingabe geltend, weil wir es für Gott tun und deshalb versuchen, die Arbeit so gut wie möglich zu machen. Wir sind ständig in Verbindung mit Christus in seinem ‚Werk‘, wie wir in der Messe mit ihm im Allerheiligsten Sakrament verbunden sind. Dort erscheint Jesus in der Gestalt des Brotes. Aber in der Welt der Notleidenden, in den geschundenen Körpern, in den Kindern sehen und berühren wir ihn, Christus“ (Geistliche Texte, S. 21).

Im Februar 1953 zog Mutter Teresa mit ihren Novizinnen und Postulantinnen in ein größeres Gebäude in der Lower Circular Road um, das heute noch dem Orden als Mutterhaus dient. Schon im April desselben Jahres konnte die erste Gruppe von Schwestern ihre ersten Gelübde und Mutter Teresa ihre ewige Profess im neuen Orden ablegen.

Jedes Jahr am 10. September begehen die Missionarinnen der Nächstenliebe den „Tag der göttlichen Berufung", denn an eben diesem Tag begann 1946 die Geschichte ihres Ordens.

Die Schwestern hatten in den Anfangsjahren keine Unterstützung; das Morgen war für sie ungewiss. Sie lebten alle aus dem Glauben und waren zuversichtlich, weil alles zu Gottes Verherrlichung und im Dienst an seinen Kindern geschah.

Mutter Teresa ermahnte ihre Schwestern:

„In unserer Arbeit darf es weder Hochmut noch Eitelkeit geben. Die Arbeit ist das Werk Gottes, die Armen sind die Armen Gottes. Überlassen wir uns ganz der Eingebung Jesu, damit er durch unseren Geist denken und durch unsere Hände wirken kann; denn wir können alles, wenn seine Kraft uns beisteht.

Wir sind doch gesandt, die Liebe Gottes weiterzugeben, allerdings nicht die eines Gottes der Toten, sondern eines Gottes der Lebenden" (Geistliche Texte, S. 16).

Mit der Zeit gelang es Mutter Teresa, ein organisatorisches Netzwerk aufzubauen. Sie hatte gute Kontakte zum Erzbischof von Kalkutta, aber auch zu Rom. Auch indische Regierungsstellen, insbesondere die Regierung von Westbengalen unter B. C. Roy, verfolgten ihre Arbeit mit Sympathie und jeglicher Unterstützung. Bald zog auch die Presse mit. Wichtige Journalisten wie Desmond Doig und Malcolm Muggeridge berichteten über ihre Arbeit in sehr positiver Form und verfassten Bücher, die Mutter Teresa und ihr Werk durch Übersetzungen in aller Welt bekannt machten.

Das Heim für Sterbende

Eines Tages sah Mutter Teresa, wie eine sterbende Frau auf der Straße von Ameisen und Ratten angefressen wurde. Sie brachte die Frau zum nächsten Hospital. Doch dort weigerte man sich, die Sterbende aufzunehmen, mit der Begründung, Krankenhäuser seien nicht für Sterbende da. Mutter Teresas

Empörung war groß: „Um Hunde und Katzen kümmert man sich mehr als um seine Mitmenschen.“ Dieses Erlebnis wurde für sie zum Anlass, das „Home of the Dying“ (Heim für Sterbende) zu gründen. Das war im Jahr 1954.

Sie erzählte:

> „Ich ging zur Stadtverwaltung und bat sie, mir einen Platz zu geben, wohin ich solche Leute bringen konnte, denn am selben Tag hatte ich noch andere Sterbende auf der Straße gefunden. Der Gesundheitsbeamte der Stadtverwaltung nahm mich mit zum Kali-Tempel und zeigte mir den Dormaschalah, wo die Menschen zu ruhen pflegten, nachdem sie Göttin Kali verehrt hatten. Es war ein leeres Gebäude; er fragte mich, ob ich es haben wollte. Ich war aus vielen Gründen sehr glücklich, diesen Platz bekommen zu haben, aber besonders, weil ich wusste, dass er ein Mittelpunkt der Anbetung und Hingabe der Hindus war. Innerhalb von 24 Stunden hatten wir unsere Patienten dort, und wir begannen mit der Arbeit für die Kranken und Sterbenden, die Ausgestoßene sind“ (Muggeridge, S. 73).

Bis 1971 hatten Mutter Teresa und ihre Schwestern über 23 000 Menschen von den Straßen Kalkuttas aufgelesen, von denen etwa die Hälfte starb. Sterbende, die kein Krankenhaus aufnehmen wollte, fanden bei ihnen eine Zuflucht. Sie erlebten in ihrer Krankheit nicht nur medizinische Betreuung, sondern menschliche Liebe und Zuwendung, und das oft zum ersten Mal. Hier wurden sie gewaschen, ernährt, versorgt und getröstet bis zu ihrem Tod.

Mutter Teresa nannte ihr Heim für Sterbende „Nirmal Hriday“ – Ort des reinen Herzens. Dort herrscht eine gleichmäßige, beruhigende, angenehme Stille. Die Todkranken werden nicht mehr von Furcht, Einsamkeit, Erniedrigung und Verlassenheit gequält, sondern sie finden Fürsorge, Liebe und Frieden. Hier sind sie ganz einfach Menschen, schwerkranke Menschen, während sie auf der Straße nur Objekte des Mitleids oder Ekels wären. Mutter Teresas größtes Anliegen dabei war:

„Zuallererst möchten wir ihnen das Gefühl geben, dass sie erwünscht sind; wir möchten sie wissen lassen, dass es Menschen gibt, die sie wirklich lieben, die sie wirklich haben wollen, wenigstens für ein paar Stunden, die sie noch zu leben haben, damit sie menschliche und göttliche Liebe kennen lernen. Dass sie auch erfahren, dass sie Kinder Gottes sind und dass sie nicht vergessen sind und dass sie geliebt werden und dass man für sie sorgt und dass es junge Menschen gibt, die sich selbst im Dienst für sie hingeben“ (Muggeridge, S. 74).

Anfangs suchten die Schwestern selbst die Todgeweihten auf den Straßen auf. Heute bringt die städtische Ambulanz die Sterbenden, für die Mutter Teresa und ihre Schwestern die letzte Zuflucht sind. Sie sagte einmal:

„Die größte Krankheit heute ist nicht die Lepra oder die Tuberkulose, sondern vielmehr das Gefühl, unerwünscht zu sein, ohne Fürsorge und verlassen von allen. Das größte Übel ist der Mangel an Liebe und Nächstenliebe, die schreckliche Gleichgültigkeit gegenüber dem Nachbarn, der am Wegrand lebt, von Ausbeutung, Verderbnis, Armut und Krankheit heimgesucht“ (Muggeridge, S. 62).

Mutter Teresa sagte auch einmal, dass „Nirmal Hriday“, das Sterbeheim, in Wirklichkeit die Schatzkammer Kalkuttas sei, denn dort sei noch niemand verzweifelt, verlassen, unversorgt oder ungeliebt gestorben. Die Schwestern versuchen, den Sterbenden das zu geben, wonach ihr Glaube verlangt, sei es Wasser aus dem Ganges, Weihwasser, nur ein Wort oder ein Gebet.

„Wir helfen den Armen, mit Gott zu sterben. Wir helfen ihnen, Gott um Vergebung zu bitten. Das ist eine Sache zwischen ihnen und Gott allein. Und sonst niemand. Keiner hat das Recht, hier dazwischenzutreten. Wir helfen ihnen nur, ihren Frieden mit Gott zu machen, weil das die größte Notwendigkeit ist: in Frieden mit Gott zu sterben. Wir leben, damit sie sterben können, damit sie heimgehen können, wie es für sie geschrieben steht, seien es nun Hindus, Moslems, Buddhisten, Christen oder welchen Glaubens auch immer" (Doig, S. 172).

Mutter Teresa versuchte also keineswegs, die Sterbenden zum Christentum zu bekehren, wie ihr gelegentlich vorgeworfen wurde. „Am Anfang glaubte ich, bekehren zu müssen. Inzwischen habe ich gelernt, dass es meine Aufgabe ist zu lieben. Und die Liebe bekehrt, wenn sie will." Auf die Frage, ob Gott auch die Anhänger anderer Religionen segne und durch sie wirke, antwortete sie:

„Gott hat seine eigenen Mittel und Wege, um in den Herzen der Menschen zu wirken, und wir wissen nicht, wie nahe sie ihm stehen. Aber an ihrem Handeln werden wir immer erkennen, ob sie in seinem Dienst stehen oder nicht. Ganz gleich, ob ihr Muslime, Hindus oder Christen seid, die Art, wie ihr lebt, zeigt an, inwieweit ihr Gott angehört" (Geistliche Texte, S. 11).

Anlässlich der Verleihung der Ehrendoktorwürde in Cambridge in England am 10.6.1977 erzählte Mutter Teresa von ihrer Arbeit bei den Armen. Unter anderem sprach sie auch vom Sterbeheim und brachte Beispiele, um zu verdeutlichen, wie „schön" Menschen dort sterben können:

„Man brachte einen Mann von der Straße herein, der halb von Maden zerfressen war. Er sagte: ‚Ich habe wie ein Tier auf der Straße gelebt, jetzt sterbe ich wie ein Engel, geliebt und umsorgt.' Und er starb wie ein Engel, geliebt und umsorgt.

Vor einigen Tagen ging ich abends mit den Schwestern hinaus, und wir lasen von den Straßen vier Menschen auf, von denen eine Frau in schlechter Verfassung war. Ich versorgte sie, während die Schwestern sich um die anderen kümmerten. Nachdem ich für sie alles getan hatte, was meine Liebe tun konnte, brachte ich sie zu Bett. Sie hielt meine Hand fest, und ich habe niemals solch ein schönes Lächeln auf einem Gesicht gesehen. Sie sagte nur ein Wort

‚Danke' – und dann starb sie. Sie gab mir ihre schöne Liebe, ihre verstehende Liebe. Aus diesem Grunde sage ich, dass die Armen großartige Menschen sind."

In der Statistik des Jahres 1979 werden 63 Heime für Sterbende mit 7987 Aufnahmen aufgeführt. Heute sind es weltweit ungefähr 150 Heime. Im „Nirmal Hriday" konnten bis heute über 30000 Menschen ihre letzten Tage verbringen.

Weltweit sind es etwa 85000 „Patienten", die in den Sterbehäusern betreut werden. Diese Zahlen sagen im Grunde nicht viel aus. Wer in der heutigen Zeit nimmt sich schon die Mühe und stellt sich vor, was es bedeutet, Tausende von sterbenden Menschen auf den Straßen Indiens und anderer Länder aufzulesen, sie zu pflegen und jenen, die dann tatsächlich sterben, die letzten Stunden auf dieser Erde zu erleichtern? Menschen, die vielleicht jahrzehntelang kein gutes Wort mehr hörten, werden hier mit mütterlicher Liebe umsorgt.

Mutter Teresa versuchte auch, die Aufmerksamkeit der Bessergestellten auf die Armen, Verlassenen und Sterbenden zu lenken. Oft bat sie Leute, zu den Sterbenden in ihr Haus in Kalkutta zu kommen. Sie wollte, dass diese Menschen die Sterbenden ansehen, sie anlächeln und bei ihnen sind, weil das den Sterbenden so viel bedeutet.

Aber nicht nur um die Armen kümmerte sie sich, sondern auch den Reichen galt ihre Fürsorge. Sie sagte einmal, dass sogar die Reichen nach Liebe und Geborgenheit hungern. Sie fühle mitten unter den Vornehmen das Gleiche wie bei den Armen: Auch ihnen müsse man Liebe vorleben. Man müsse auch sie zu Gott führen, weil Gott ja die Liebe ist. Denn alle Menschen seien hungrig nach Liebe, auch wenn sie verschieden aussehen, verschieden gekleidet sind oder unterschiedliche Erziehungen und Positionen haben. Nach Mutter Teresa sind im Hunger nach Liebe alle Menschen gleich.

Die Schwestern Mutter Teresas nehmen jeden Tag einen Beutel voll Brot mit auf den Weg in die Elendsviertel, um es an die vielen unterernährten Kinder zu verteilen, die vor Hunger überall in den Abfalltonnen der Slums nach etwas Essbarem wühlen. Fast alle Kinder leiden an akuter Unterernährung, manche wiegen nicht einmal mehr 20 oder 30 Kilo. Ihre großen, seltsam starren Augen schauen ins Leere.

Der Gedanke, es sei hoffnungslos, diese vom Tode gezeichneten Kinder zu pflegen und den Versuch zu machen, sie aufzuziehen, kam Mutter Teresa gar nicht. Für sie kam alles Leben von Gott und war damit etwas Heiliges.

Sie erinnerte an Jesus, der beispielhaft gezeigt hatte, wie man Kinder behandeln soll: „Und er stellte ein Kind in ihre Mitte, nahm es in seine Arme und sagte zu ihnen: Wer ein solches Kind um meinetwillen aufnimmt, der nimmt mich auf; wer aber mich aufnimmt, der nimmt nicht nur mich auf, sondern den, der mich gesandt hat“ (Mk 9,36–37).

Mutter Teresa sah darin nicht nur eine Pflicht, den Kindern, die Jesus so liebte, zu helfen und in ihnen dem Herrn zu dienen, sondern zugleich eine Quelle der Freude, denn für sie galt das Wort der Heiligen Schrift:

> „Da brachte man Kinder zu ihm, damit er ihnen die Hände auflegte. Die Jünger aber wiesen die Leute schroff ab. Als Jesus das sah, wurde er unwillig und sagte zu ihnen: Lasst die Kinder zu mir kommen; hindert sie nicht daran! Denn Menschen wie ihnen gehört das Reich Gottes. Amen, das sage ich euch: Wer das Reich Gottes nicht so annimmt, wie ein Kind, wird nicht hineinkommen. Und er nahm die Kinder in seine Arme, dann legte er ihnen die Hände auf und segnete sie“ (Mk 10,13–16).

Die Schwestern finden oft Babys in Mülltonnen oder Kartons am Straßenrand. Oftmals finden sie auch Kinder, die in einem Bus liegengelassen, unter einer Treppe versteckt oder den Schwestern einfach vor die Tür gelegt wurden, etwa weil die eigene Mutter schon sechs Kinder hatte oder weil sie aus einer höheren Kaste stammte und der Kindsvater aus einer niederen.

Kinder werden in Kalkutta von ihren Müttern oft so bedenkenlos ausgesetzt, dass die Ratten schneller sind als die barmherzigen Helfer der Mutter Teresa.

Die Not scheint in Kalkutta kein Ende zu nehmen, und die Probleme werden immer drängender: Es gibt verwahrloste Kinder, körperlich und geistig behinderte Kinder, Waisenkinder oder Kinder von ledigen Müttern, die sie nicht zu Hause aufziehen können; sie alle brauchen Pflege.

Mutter Teresa eröffnete 1955 ihr eigenes Heim für Findel- und Waisenkinder „Shishu Bhavan". Dorthin werden die Kinder gebracht. Sie erhalten einen Namen, werden gesund gepflegt, und die größeren dürfen eine Waisenschule besuchen; später erhalten sie eine Berufsausbildung.

Die heutige Leiterin dieser Einrichtung ist die deutsche Schwester Andrea, die Ärztin ist und 1959 als erste Ausländerin zum Orden Mutter Teresas stieß. Bis zu Mutter Teresas Tod arbeitete sie dort mit ihr zusammen und erlebte sie als Wirbelwind. „Wenn sie überzeugt war, dass es Gottes Wille ist, dann hat sie das auch durchgesetzt."

Die Schwestern versuchen, die Kinder aufzumuntern und ihnen jene Zuneigung zu schenken, die ihnen so sehr fehlt. Doch dazu brauchen sie viel Geduld und guten Willen. Viele Kinder müssten sterben, wenn sie nicht von Mutter Teresa und ihren Schwestern gerettet würden.

Mutter Teresa war nicht der Ansicht, dass es in Indien zu viele Kinder gäbe. Sie glaubte vielmehr, dass Gott in allem vorsorgt, auch in der Zahl der Kinder: „Er sorgt für die Blumen und die Vögel, für alles in der Welt, das er geschaffen hat. Und diese kleinen Kinder sind sein Leben. Es kann nie genug davon geben."

Mutter Teresa freute sich über jeden ausgesetzten Säugling, den sie am Leben erhalten konnte. „Seht, es ist Leben in ihm!"

An alle städtischen Krankenhäuser Kalkuttas richtete sie die Aufforderung, ihr alle unerwünschten Säuglinge zu bringen. Sie sagte: „Ich bekämpfe Abtreibung durch Adoption."

Abtreibung war für Mutter Teresa eines der wichtigsten Probleme der heutigen Zeit, wenn nicht gar das wichtigste:

> „Ich bin der Ansicht, dass keine Menschenhand sich erheben dürfte, um dem Leben ein Ende zu machen, weil das Leben das Leben Gottes in uns ist, auch bei den ungeborenen Kindern. Und ich meine, dass Gott den Schrei dieser Kinder hören muss, die getötet werden, bevor sie auf die Welt kommen" (Geistliche Texte, S. 40).

Anlässlich der Verleihung des Friedensnobelpreises am 10.12.1979 in Oslo hielt sie ein leidenschaftliches Plädoyer gegen die Abtreibung. Sie sagte, dass der größte Zerstörer des Friedens heute in der Welt der Aufschrei der unschuldigen, ungeborenen Kinder sei. Sie meinte, dass es kein weiter Schritt zu gegenseitigem Hass und Töten mehr sei, wenn eine Mutter heute schon ihr eigenes Kind im eigenen Leib töte, obwohl Kinder doch Zeugen der Anwesenheit von Jesus Christus seien. Sie hielt diejenigen Länder für die ärmsten, in denen Abtreibung juristisch zugelassen wurde. Denn in diesen Ländern, so Mutter Teresa, hätte man Angst vor dem ungeborenen Leben; man wolle dort kein weiteres Kind mehr ernähren oder ausbilden, sondern man töte lieber das kleine, ungeborene menschliche Wesen, das doch gezeugt und empfangen sei und das das gleiche ewige Leben Gottes empfangen habe wie alle Menschen.

Sie kämpfte mit all ihrer Kraft gegen die Abtreibung und setzte sich stattdessen für die Adoption ein. So konnte sie Tausende von Kindern retten, und Tausende von Kindern haben Eltern und ein Heim gefunden, wo sie erwünscht sind und geliebt werden und wo sie selbst Freude bringen.

Es kommen sehr viele Leute ins Kinderheim „Shishu Bhavan", um ein Kind zu adoptieren, entweder weil sie selbst keines bekommen können, oder aber weil sie einem dieser Kinder ein Leben in Liebe und Zuwendung ermöglichen wollen.

Mutter Teresa mit Mitschwester und Kindern, Äthiopien 1977

„Shishu Bhavan" ist nicht nur ein Kinderheim, sondern auch Mittelpunkt vielfältiger Aktivitäten. Neben der Betreuung von verwahrlosten, ausgesetzten, verkrüppelten und behinderten Kindern gibt es auch Möglichkeiten zur Unterbringung lediger Mütter, die dort ihre Kinder zur Welt bringen können. Außerdem werden Lebensmittelvorräte angelegt, die kostenlos an die Armen verteilt werden. Für viele Frauen mit Kindern ist dies praktisch die einzige Nahrungsquelle. Schwester Agnes erzählt:

„Heute haben wir manchmal drei Mahlzeiten täglich, und wenn wir eine versäumen, sind wir hungrig. Die armen Leute haben nicht einmal eine Mahlzeit. Wie viele Qualen machen sie durch. So viele von ihnen sterben. Unser Heim in Kalighat (Sterbeheim) ist für die Menschen im letzten Stadium. Oft hinterlassen sie Kinder, und die kommen nach Shishu Bhavan. Sehr oft sterben die Säuglinge eine Stunde oder einen Tag später, aber Mutter sagt: ‚Es ist mir gleich, was die Leute über die Sterblichkeit sagen. Und wenn sie auch eine Stunde später sterben, sie sollen kommen, die Säuglinge dürfen nicht ohne Fürsorge und Liebe sterben. Weil jedes Baby fühlt. Wenn wir sie abweisen, dann verschließen wir unsere Tür, und die Säuglinge werden getötet. Es ist besser, sie sterben zu ihrer Zeit eines natürlichen Todes, als dass sie getötet werden'" (Doig, S. 118).

An jedem Weihnachtsfest bescherte sie Tausende von Slumkindern. 1979 feierte sie sogar mit Slumkindern das Internationale Jahr des Kindes. Sie schrieb damals an ihre Mitarbeiter:

„Zur Feier des Internationalen Jahres der Kinder hatten wir am 11. Januar einen schönen Tag mit etwa 12000 Kindern aus den Slums von Kalkutta. ... Jedes Kind wurde beschenkt mit einem Lunchpaket, mit Süßigkeiten und Spielsachen (es wurde alles gestiftet!). Die Kinder wurden alsdann mit Spezialtrams und Bussen heimgeführt" (Schweiz. Hilfswerk für Mutter Teresa, Rundbrief Nr. 19, S. 7).

Dies ist nur ein kleines Beispiel ihrer Aktivitäten mit Kindern.

Die Zahl der Kinderheime wächst ständig, in Indien wie auch in anderen Notpunkten der Welt. Im Jahre 1978 gab es bereits 49 Heime für Findel- und Waisenkinder mit 2770 Aufnahmen. Heute sind es etwa 100 Kinderheime weltweit.

Was bedeuten diese trockenen Zahlen? Es sind Tausende Einzelschicksale von großer Tragik. Und vergessen wir nicht, dass diese Kinder jeden Tag vierundzwanzig Stunden umsorgt werden, und dies über Jahre, und dass auch hier eine Elendsgeneration der anderen folgt.

Einsatz für Leprakranke

Die Überzeugung, dass es für einen Menschen das Schlimmste ist, ungeliebt und unerwünscht zu sein, brachte Mutter Teresa auch dazu, sich der ausgestoßenen Leprakranken anzunehmen. Ihre Not zu lindern, war lange Zeit ein besonderes Bedürfnis Mutter Teresas. In Kalkutta gab es Mitte der 50er Jahre etwa 30000 amtlich erfasste Leprakranke.

Da auch in Kalkutta – genauso wie in biblischer Zeit oder im europäischen Mittelalter – niemand aus Furcht vor Ansteckung in der Nähe von Leprakranken wohnen wollte, baute Mutter Teresa mobile Lepraklinken auf. Das war nur möglich, weil sich ein Hinduarzt, Dr. Sen, ein Spezialist für die Leprakrankheit, Mutter Teresa zur Verfügung stellte und weil sie aus den USA ein Ambulanzfahrzeug geschenkt bekam.

Ende 1957 begann Mutter Teresa mit der ersten mobilen Lepraklinik. So konnten die Leprakranken nun dort behandelt werden, wo sie wohnten. Wenn ein Krankenwagen angefahren kam, wimmelte es in wenigen Minuten von Menschen um seine Türen. Es waren keine gewöhnlichen Menschen. Außer den Zeichen tiefster Armut, die auf ihren Gesichtern zu lesen waren, außer den sichtbaren Malen seelischer Not und Frustration gab es die Narben einer furchtbaren Krankheit – der Lepra.

Um fußkranken Menschen den Gang zur Klinik zu ersparen, dachte sie auch an stationäre Kliniken. Schließlich gelang es ihr, in Titagarh, wo sie eine bereits bestehende Leprakolonie betreute, im März 1959 mit Hilfe des Stadtrates und einer Stiftung ein stationäres Zentrum zu eröffnen. 240 Leprakranke profitierten davon.

Unter den Aussätzigen finden sich gebildete und manchmal auch reiche Leute. Aber weil sie krank sind, werden sie von ihren Familien und der Gesellschaft ausgestoßen. Die eigenen Kinder wollen oft nichts mehr von ihnen wissen. Die Aussätzigen müssen daher betteln.

Ein Leprakranker erzählt aus seinem Leben:

> „Vor ein paar Jahren war ich ein wichtiger Mann und arbeitete in Büros in einem großen Gebäude als Regierungsbeamter. Ich hatte eine Klimaanlage und Leute, die alles für mich taten. Es gab Leute, die sich vor mir verbeugten, wenn ich aus dem Büro kam, und ich hatte eine große Familie. Aber sobald sie entdeckten, dass ich die Lepra

hatte, war alles vorbei. Da war keine Klimaanlage mehr, keine Verehrer, kein Heim, keine Familie – nur diese jungen Schwestern, die mich nicht ablehnten und die nun meine Familie sind“ (Spink, S. 90).

In Mutter Teresas Heim werden die Leprosen gepflegt, und die meisten von ihnen können auch geheilt werden. Insbesondere gilt das für Menschen, die Lepra im Frühstadium haben. Deshalb ermutigte Mutter Teresa ihre Schwestern, bei ihrer Arbeit mit den Ärmsten der Armen auf die ersten Anzeichen der Krankheit zu achten. Mit neuen wirksamen Medikamenten kann die Krankheit aufgehalten werden. Wenn die Kranken rechtzeitig kommen, d. h., sobald sie einen Lepraflecken auf ihrem Körper entdeckt haben, haben sie die Aussicht, in zwei Jahren vollständig geheilt zu sein. Ein Arzt, der Spezialist für Lepra ist, arbeitet dort und bildet die Schwestern in der Pflege der Aussätzigen aus.

Mutter Teresa wollte gerne einen ihrer Herzenswünsche verwirklichen, „einen Ort, an dem Leprakranke mit Würde leben und sterben konnten, wo sie ihren Lebensunterhalt verdienen und schöpferisch leben konnten.“

Den Bauplatz schenkte die indische Regierung, und mit der Hilfe von Spenden aus aller Welt gelang es Mutter Teresa, „Shanti Nagar“ – Ort des Friedens – zu errichten, wo sie etwa 400 Leprafamilien ansiedelte.

Es ist ein sich selbst tragendes Dorf, in dem die Leprakranken als freie Bürger leben können, ohne fürchten zu müssen, von der Polizei vertrieben zu werden, und ohne demütigenden Ausgrenzungen ausgesetzt zu sein. Das Dorf, eine grüne Oase mit Alleen und vielen Blumenbeeten, liegt dreihundert Kilometer von Kalkutta entfernt. Es wird von einer Missionarin der Nächstenliebe geleitet. Die Leprakranken wohnen in kleinen, hellen Häusern. Sie arbeiten in kleinen Handwerksbetrieben und können so für sich und ihre Familien sorgen.

Das Wichtigste aber ist: Durch ihre Arbeit gewinnen die Patienten ihre Selbstachtung zurück.

Nur die am schwersten Erkrankten sind in einem Krankenhaus untergebracht. Für die Kinder, die dort zur Welt kommen, gibt es einen Kindergarten und eine Schule. Sie stehen unter ständiger ärztlicher Kontrolle. „Shanti Nagar“ ist zu einem Ort des Glücks und der Freude geworden.

Geld für dieses Zentrum erhielt Mutter Teresa auch durch die Versteigerung eines Autos, das Papst Paul VI. ihr 1964 schenkte, als er in Bombay am Eucharistischen Weltkongress teilnahm. Eine amerikanische Autofirma hatte ihm diesen Wagen geschenkt, mit dem er vom Flugplatz ins Stadtzentrum fuhr. Der Wagen war Mutter Teresa zu vornehm, deshalb ließ sie ihn, so praktisch wie sie dachte, versteigern und erzielte dafür eine Riesensumme.

Pater Henry, einer der frühesten Mitarbeiter Mutter Teresas, erinnerte sich an ein wunderschönes Weihnachtsfest zu Beginn seiner Tätigkeit. Die Christen unter den Leprakranken hatten eine kleine Kirche gebaut: „Was für eine Messe! Die Aussätzigen, die sich nicht allein bewegen konnten, wurden von den anderen getragen. Es war wirklich großartig.“

Mutter Teresa wusste, dass gerade die Armen noch mehr des Glaubens bedürfen als alle anderen. Sie sind auf Hoffnung angewiesen, das heißt sie brauchen Gott. Die Missionarinnen der Nächstenliebe bieten den Armen ganz bewusst eine solche Hoffnung an und vermitteln ihnen den Glauben an die Güte Gottes. Diese jungen Schwestern spiegeln die Liebe Gottes zu den Menschen wider. Sie müssen viel leiden, aber dadurch gelangen sie gerade zu Gott. Sie beugen sich zum Elend hernieder, indem sie den Armen ihre Wunden auswaschen, ihnen ein Lächeln schenken oder sie trösten und aufmuntern. Die Kraft dafür holen sie sich bei Jesus; sie beten täglich:

> „Leidender Jesus, gib, dass ich Dich heute und jeden Tag in der Person Deiner Kranken erblicke; dass ich Dir diene, indem ich sie pflege.
>
> Gib, dass ich Dich sogar in der abstoßenden Maske des Zornes, des Verbrechens oder der Unvernunft erkenne und

zu sagen vermag: ‚Mein leidender Jesus, wie gut tut es, Dir zu dienen.‘

Herr, zeige mir diesen Glauben, dann wird meine Arbeit niemals eintönig sein. Ich werde Freude finden, wenn ich die Launen auf mich nehme und die Wünsche aller armen Leidenden erfülle.

Lieber Kranker, wie viel lieber bist du mir noch, weil Du das Abbild Christi bist; es ist eine Ehre für mich, mich mit Dir beschäftigen zu dürfen!

O Gott, da Du der leidende Jesus bist, sei in Deiner Güte auch mir ein geduldiger Jesus, der Nachsicht hat mit meinen Fehlern und nur sieht, dass ich Dich lieben möchte und Dir in der Person jedes Deiner leidenden Kinder dienen will.

Herr, vermehre meinen Glauben!

Segne meine Mühe und meine Arbeit, jetzt und immerdar“ (Geistliche Texte, S. 12 f.).

Eine neue Krankheit: Aids

Als Aussätzige des Westens galten jedenfalls bis vor wenigen Jahren die Aids-Kranken. Die Schwestern Mutter Teresas gehörten zu den ersten Ordensgemeinschaften, die sich für Aids-Patienten einsetzten.

„Auch sie verdienen unsere brüderliche Liebe und Pflege und auch sie sollen leben wie menschliche Wesen, in Frieden und Glück.“ So die Meinung Mutter Teresas. Und sie lehnte es ab, über andere Menschen zu richten. „Wenn du die Menschen verurteilst, hast du keine Zeit, sie zu lieben.“

1985 eröffneten die Schwestern in New York ein Haus unter dem Namen „Gift of Love“ (Geschenk der Liebe) für todkranke Aids-Patienten. Später kamen in anderen Städten weitere Häuser unter der Bezeichnung „Gift of Peace“ (Geschenk des Friedens) dazu.

An der Mauer des Gebäudes in New York kann man lesen, was Mutter Teresa im Alter von 70 Jahren als Antwort auf die Frage, was das Leben sei, geschrieben hat:

„Das Leben ist eine Chance, nutze sie.
Das Leben ist Schönheit, bewundere sie.
Das Leben ist Seligkeit, genieße sie.
Das Leben ist ein Traum, verwirkliche ihn.
Das Leben ist eine Herausforderung, stelle dich ihr.
Das Leben ist eine Pflicht, erfülle sie.
Das Leben ist ein Spiel, spiele es.
Das Leben ist kostbar, geh sorgfältig damit um.
Das Leben ist ein Reichtum, bewahre ihn.
Das Leben ist Liebe, erfreue dich an ihr.
Das Leben ist ein Rätsel, löse es.
Das Leben ist ein Versprechen, erfülle es.
Das Leben ist Traurigkeit, überwinde sie.
Das Leben ist ein Lied, singe es.
Das Leben ist ein Kampf, nimm ihn auf.
Das Leben ist ein Abenteuer, wage es.
Das Leben ist ein Glück, verdiene es.
Das Leben ist das Leben! Lebe es!"

Summe der Nächstenliebe

Neben den Sterbe- und Kinderheimen, den Leprastationen und Aids-Häusern errichtete Mutter Teresa noch weitere Institutionen, die ich der Vollständigkeit halber nennen, auf die ich aber nicht mehr näher eingehen möchte, weil es den hiesigen Rahmen sprengen würde.

Die Arbeit der Missionarinnen der Nächstenliebe ist, gemessen an der Armut der Welt, nur ein „Tropfen im Ozean". Doch der „Tropfen" ihrer christlichen Liebe ist beachtlich: Tausende erhalten täglich eine warme Mahlzeit.

In ihren Heimen sorgen Mutter Teresa und ihre Helfer für Tausende von heimatlosen, kranken und unerwünschten, wie auch körperlich und geistig behinderten Kindern. Die Schwestern unterhalten kostenlos Tageskrippen und Kindergärten, sie führen Volks- und Oberschulen.

Verwahrloste Jugendliche werden von den Brüdern der Nächstenliebe von der Straße geholt und erhalten in Handelsschulen und Werkstätten eine Berufsausbildung, was die Vorbedingung für eine bessere Zukunft ist.

Die Schwestern Mutter Teresas unterhalten Armenapotheken, Entbindungsstationen, Tuberkulosezentren und Heime für ledige Mütter in den Slums der Großstädte, Heime für Obdachlose, Alkoholiker und Drogenabhängige, sie leiten Nachtasyle und Zentren für natürliche Geburtenplanung. Nähkurse wie auch kaufmännische oder kunsthandwerkliche Kurse werden angeboten. Genossenschaften wurden gegründet für Geflügelzucht, Ziegeleien, Herstellung von Fischernetzen und anderem mehr. So ist es vielen Familien erstmals möglich, sich ihren Lebensunterhalt selbst zu verdienen.

In Katastrophenfällen lindern die Schwestern die Not durch Hilfsaktionen und persönlichen Einsatz. Nach blutigen Auseinandersetzungen und Kriegen errichten sie so genannte „Witwendörfer" für Frauen, deren Männer ermordet worden sind.

Die Missionarinnen der Nächstenliebe setzen sich immer wieder für die große Zahl von Flüchtlingen auf der ganzen Welt ein.

Ein erstaunliches Werk ist aus der totalen Hingabe Mutter Teresas an Gott und an die Armen entstanden. In den letzten Jahren hat der Orden seine Tätigkeit auf die ganze Welt ausgeweitet, auch wenn heute noch der Schwerpunkt in Indien und im benachbarten Bangladesh liegt.

Bis heute sind für Millionen von Menschen die soziale Arbeit und die gesellschaftlichen Rettungsversuche des Ordens ein großer Nutzen gewesen.

Ihr Ziel, ihre Arbeit ist identisch mit dem der Apostel: Mutter Teresa wollte allen Menschen Zeugnis von der Liebe des Vaters geben, der die Menschen so sehr geliebt hat, dass er seinen einzigen Sohn für sie hingab; sie wollte Zeugnis geben von der Liebe Jesu Christi. Die Ordensregel besagt ja, dass die Schwestern den Ärmsten der Armen die frohe Botschaft verkünden sollen.

So führten sie auch Bibelgruppen, Sonntagsschulen, katholische Aktionsgruppen und deren Besuche in Krankenhäusern, Pflegeheimen und Gefängnissen ein.

In ganz Indien eröffneten sie zunächst mehrere Niederlassungen, wo die Schwestern und Brüder der Nächstenliebe die gleiche Arbeit wie in Kalkutta verrichten: den verlassenen Sterbenden Zuflucht bieten, sich der behinderten Kinder und Waisen annehmen.

Ferner sollen die Menschen durch sie beten lernen, die Kinder werden auf den Empfang der Sakramente vorbereitet. Den größeren Töchtern der Armen werden handwerkliche Fähigkeiten vermittelt, und sie werden auf das Ehe- und Familienleben vorbereitet.

Die Reisende des lieben Gottes wird zum Medienstar

Ausbreitung des Werkes

Am 1. Februar 1965 anerkannte Papst Paul VI. die „Missionaries of Charity“, Missionare der Nächstenliebe, als Kongregation päpstlichen Rechts. Er bewies damit sein Interesse am Werk von Mutter Teresa, die ihre Schwestern immer wieder dazu aufforderte: „Sei gütig und barmherzig. Lasse nie zu, dass du jemandem begegnest, der nicht nach der Begegnung mit dir glücklicher ist.“

Die Unterstellung unter den Papst ermöglichte es Mutter Teresa, auch außerhalb Indiens aktiv zu werden. Das erste Haus eröffnete sie in Cocorote, Venezuela. Damit war der Startschuss gegeben für die Ausbreitung ihres Ordens in der ganzen Welt. Sie errichtete Niederlassungen in Lateinamerika, Afrika, Australien, Japan, sogar in Harlem/New York und auch in palästinensischen Flüchtlingslagern in Israel und Jordanien, wo sie mit großen Schwierigkeiten politischer Art zu kämpfen hatte. Ihre Gründungen ziehen sich um die Weltkugel wie ein Band, das auf Not, Elend und Krieg hindeutet.

Auf eine Bitte des Papstes hin eröffnete sie auch in einem Armenviertel Roms ein Haus, wo sich die Schwestern besonders auf die religiöse Unterweisung von Kindern sowie auf Altenarbeit konzentrieren.

Mitte Juni 1978 eröffnete Mutter Teresa mit drei Schwestern in Essen-Hösterfeld die erste Niederlassung in Deutschland. Das Hösterfeld ist ein im Jahre 1973 gebautes Neubauviertel; es gilt als eine der problematischsten Siedlungen im Essener Bereich mit einer starken Jugendkriminalität. Hier sah Mutter Teresa ein ideales Aufgabengebiet. Die materielle Armut zu beheben sei wichtig, sagte sie. Aber wichtiger noch sei es, die geistige Armut der Menschen zu beheben. Weitere Niederlassungen in Deutschland, aber auch in Österreich (in Wien) und in der Schweiz, wo in Zürich ein Frauenhaus für Mütter und ihre Kinder in Notsituationen betreut wird, kamen dazu.

Ein besonders bewegender Moment war die Eröffnung eines Hauses in Mutter Teresas Geburtsort Skopje im Jahre 1980. Weitere Häuser im damaligen Ostblock folgten, so 1981 in Ost-Berlin. 1984 weilte Mutter Teresa auf Einladung Kardinal Glemps in Polen.

Allein 1988 eröffneten die Missionarinnen der Nächstenliebe 41 neue Häuser unter anderem in Südafrika, Moskau und Armenien.

Mutter Teresa war auf der ganzen Welt unterwegs, um neue Niederlassungen zu eröffnen, um für ihre Armen zu sammeln und um den Menschen ihre Botschaft von der Liebe und Einfachheit zu bringen.

In den 80er Jahren verschlechterte sich Mutter Teresas Gesundheitszustand. Ihre Kräfte ließen deutlich nach. 1983 war sie in Rom im Krankenhaus wegen eines Sturzes, aber auch wegen Herzproblemen. Es war dies die erste Ruhepause überhaupt, seit sie 1946 dem neuen Ruf innerhalb ihrer Berufung gefolgt war.

1989 wurde ihr ein Herzschrittmacher eingesetzt.

Prominente jeglicher Couleur suchten die Nähe Mutter Teresas und anerkannten das, was sie für die Menschen in Not tat. Prinzessin Diana und Prinz Charles waren darunter, die sie sogar in Kalkutta aufsuchten, und viele andere.

Besonders erfreut war Mutter Teresa über den Besuch von Papst Johannes Paul II., den sie häufig getroffen hatte, am 3. Februar 1986 in Kalkutta, „der glücklichste Tag in meinem Leben". Mutter Teresa führte den Heiligen Vater persönlich ins Sterbehaus „Nirmal Hriday", was ihn sehr bewegte. Während der langen Zeit, die er dort blieb, war es ihm nicht gelungen, auch nur ein Wort zu sagen. Er küsste die Kranken oder zeichnete ihnen ein Kreuz auf die Stirn. Bevor er wieder ging, nahm er das Gesicht Mutter Teresas in seine Hände und küsste sie auf die Stirn.

Im Oktober 1986 war Mutter Teresa in Ostafrika unterwegs. Ein Propellerflugzeug sollte sie von Zentraltansania nach Kenia bringen, hatte aber Probleme beim Abheben, schleuderte in die Menge und erfasste fünf Menschen, darunter drei Kinder und eine Mitschwester. Mutter Teresa war von diesem tragischen Unglück zutiefst betroffen.

Die letzten Jahre

Am 11. April 1990 war Mutter Teresa als Generaloberin der Missionarinnen der Nächstenliebe aus gesundheitlichen Gründen zurückgetreten. Die Anstrengungen der vielen Reisen und ihre Herzprobleme hatten sie zu diesem Schritt veranlasst. Sie hatte erwartet, dass beim Generalkapitel 1990 eine andere Schwester zu ihrer Nachfolgerin gewählt würde. „Wunderbar sind die Wege des Herrn, wenn wir ihm erlauben, uns so zu benutzen, wie er es will", so ihre Worte. Doch es kam anders. Sie wurde erneut wiedergewählt und sie nahm die Wahl gehorsam an.

Am 2. März 1991 konnte Mutter Teresa erstmals nach Albanien einreisen, nachdem die stalinistische Diktatur Enver Hoxhas durch dessen Tod 1985 zu Ende gegangen und das kommunistische Regime 1990 gestürzt worden war. Für Mutter Teresa war es ein Heimspiel: die weltweit bekannte und geschätzte Albanerin zurück im Heimatland aller Albaner. In der Hauptstadt Tirana und in Shkoder, das im teilweise katholisch besiedelten Nordalbanien liegt, eröffnete sie Häuser. Präsident Ramiz Alia verlieh ihr die albanische Ehrenbürgerschaft. Ein eigener Mutter-Teresa-Preis, die höchste Auszeichnung, die die Republik Albanien vergibt, wurde gestiftet. Der einzige internationale Flughafen Albaniens in der Nähe von Tirana ist nach Mutter Teresa benannt (auf Albanisch: Aeroporti Nene Tereza).

Nach wie vor wurde Mutter Teresa trotz zunehmendem Alter, Müdigkeit und Gebrechlichkeit auf der ganzen Welt verehrt und begab sich immer wieder auf Reisen, sei es, um ihre Schwestern zu besuchen, oder weil sie Einladungen bekommen hatte. Ende 1991 wurde sie auf einer Reise in die USA und Mexiko schwer krank und musste ins Krankenhaus. Sie erholte sich aber wieder. Ihre Präsenz war weiterhin unentbehrlich, weil eben nur sie dieses Charisma besaß, die Kraft, viele Türen zu öffnen, die anderen verschlossen blieben.

In den 90er Jahren wurde Mutter Teresa wiederholt Gegenstand von Angriffen ihrer Gegner.

1994 wurde sie in einem englischen Fernsehbeitrag und in einem kurz darauf erschienenen Buch als Demagogin und Obskurantin angegriffen.

1995 wurde sie von extremen Hinduorganisationen beschuldigt, mit Geld katholische Kirchen zu bauen und Menschen zur Konversion zum katholischen Glauben zu bewegen.

Von anderer Seite wurde sie angegriffen, weil sie sich immer gegen Verhütung und Abtreibung eingesetzt hatte, auch in Indien selber, wo sie allerdings durchaus den Sinn der Natürlichen Familienplanung einsah und auch propagierte.

Gerade diese Angriffe von verschiedenen Seiten verschafften ihr und ihrem Werk aber auch viel Unterstützung und Zustimmung in der ganzen Welt.

1996 brach sie sich bei Stürzen Schlüsselbein und Ellbogen. Im August musste sie erneut in eine Klinik eingeliefert werden; ihr Zustand gab zu ernster Besorgnis Anlass. Sie erholte sich wieder, aber der nächste Rückfall kam prompt. Ihre Gesundheit war nachhaltig zerrüttet und erlaubte ihr einfach nicht mehr weiterzumachen. Diskussionen um ihre Nachfolge wurden geführt.

Am Generalkapitel 1997 wurde am 13. März Schwester Nirmala Joshi (geboren 1934) zu ihrer Nachfolgerin gewählt. Als Offizierstocher im indischen Bundesstaat Bihar geboren, gehörte sie zur höchsten Kaste der Brahmanen, studierte, wurde mit 24 Jahren katholisch und trat in Mutter Teresas Orden ein.

Tod des Engels von Kalkutta

Am 87. Geburtstag, dem 26. August 1997, zeigte sich Mutter Teresa nochmals vor dem Mutterhaus in Kalkutta mit einem Lächeln im Gesicht.

Nur wenige Tage nach dem tragischen Unfalltod von Prinzessin Diana, mit der sie freundschaftlich verbunden war, hörte ihr Herz am 5. September 1997 auf zu schlagen.

Eine Gigantin der Nächstenliebe, die Heilige der Gosse hatte die Welt verlassen.

Zeichen des Beileids und der Anerkennung trafen aus der ganzen Welt in Kalkutta ein.

Eine Woche später erhielt sie in Indien ein Staatsbegräbnis als die nach Gandhi und Nehru wohl berühmteste Inderin.

Die Begräbnisfeierlichkeiten, die mehr als sechs Stunden dauerten, wurden in voller Länge vom Fernsehen übertragen. 35 Länder waren direkt angeschlossen, mehr als eine Milliarde Zuschauer verfolgten das Ereignis mit. Im Internet waren in diesen Tagen mehr als 4000 Seiten über Mutter Teresa einzusehen.

An der Beerdigung nahmen Politiker und wichtige Persönlichkeiten aus der ganzen Welt teil.

> „Sie war gestorben, doch war sie lebendiger denn je. Ich war auch sehr beeindruckt von den Menschen in Kalkutta. Zum Schluss, als wir zum Mutterhaus zurückkamen, riefen die Menschen, die dem Trauerzug folgten, aus: ‚Mutter Teresa, du bist unsterblich! Wir werden dich nie vergessen.' Es war sehr bewegend" (Sr. Nirmala Joshi).

Beigesetzt wurde sie im Mutterhaus der Missionarinnen der Nächstenliebe in Kalkutta.

Zwei Tage nach ihrem Ableben sagte Papst Johannes Paul II. beim Angelusgebet in Castel Gandolfo über Mutter Teresa:

> „... Liebe Brüder und Schwestern, diese Ordensfrau, die auf der ganzen Welt als Mutter der Armen betrachtet wird, gibt allen, Gläubigen wie Nicht-Gläubigen, ein beredtes

Beispiel. Sie hinterlässt uns das Zeugnis der Liebe Gottes, die, von ihr empfangen, ihr Leben in vollkommene Hingabe für ihre Mitmenschen verwandelt hat. Sie hinterlässt uns das Zeugnis der Betrachtung, die Liebe wird, und der Liebe, die Betrachtung wird. Ihre Taten sprechen für sich und bezeugen den Menschen unserer Zeit die tiefe Bedeutung des Lebens …"

Seligsprechung

Seit dem Tod Mutter Teresas pilgern unzählige Menschen an ihr Grab in Kalkutta. Schon zu ihren Lebzeiten wurde sie von Angehörigen verschiedener Religionen als „lebende Heilige“ verehrt. Wer sie persönlich kennen lernen durfte, hatte keinen Zweifel daran, dass er einer heiligmäßigen Frau begegnet war.

Genauso sah es auch die katholische Kirche. Keine zwei Jahre nach ihrem Tod wurde der Seligsprechungsprozess in der Diözese Kalkutta eröffnet. Da das Kirchenrecht normalerweise eine Wartezeit von fünf Jahren vorsieht, hatte der Papst dafür Dispens erteilt.

Für die Vorbereitung der Seligsprechung wurden unzählige Dokumente, Briefe usw. von ihr und über sie gesammelt und kritisch gesichtet. Es soll sich um 80 Bände, jeder 450 Seiten stark, gehandelt haben.

Zudem ist für eine Seligsprechung ein Wunder nötig. Monika Besra, eine verheiratete fünffache Mutter aus Indien, litt an Eierstockkrebs, von dem sie auf die Fürbitte von Mutter Teresa auf unerklärbare Weise nachhaltig geheilt wurde. Am 1. Oktober 2002 wurde dieses Wunder von der römischen Kongregation für die Heiligsprechungsprozesse für echt erklärt.

Damit stand einer Seligsprechung nichts mehr im Wege.

Im Rahmen seines 25-jährigen Amtsjubiläums sprach Papst Johannes Paul II. Mutter Teresa am 19. Oktober 2003, dem Weltmissionssonntag, im Beisein von über 350 000 Menschen selig.

Dies war die schnellste Seligsprechung in der jüngeren Kirchengeschichte.

Neben viel Prominenz saßen auf Einladung des Ordens von Mutter Teresa auf den vordersten Plätzen auch 3500 bedürftige oder Not leidende Menschen, die nach der Feier mit Schwester Nirmala in der vatikanischen Audienzhalle zum Mittagessen eingeladen wurden. Botschafter der UNO übernahmen hierbei, dem Beispiel Christi folgend, den Tischdienst.

„Brüder und Schwestern, auch heute stellt uns Gott Vorbilder der Heiligkeit wie Mutter Teresa von Kalkutta vor Augen." Mit diesen Worten begann der Heilige Vater die Seligsprechungsfeier.

„Wir bitten Sie, die Dienerin Gottes, Teresa von Kalkutta, in die Reihen der Seligen aufzunehmen", so trug der Erzbischof Lukas Sirkar von Kalkutta zunächst dem Heiligen Vater sein Anliegen vor, woraufhin eine kurze Biographie der Ordensgründerin verlesen wurde.

Sodann verkündete der Heilige Vater die Seligsprechungsformel: „Wir gewähren, dass die verehrungswürdige Dienerin Gottes, Teresa von Kalkutta, von nun an selig genannt werde." Die Gläubigen brachen in stürmischen Applaus aus.
Eine Reliquie Mutter Teresas wurde zum Altar gebracht.

Nachfolgend ist die Ansprache des Papstes dokumentiert:

> „‚Wer bei euch der Erste sein will, soll der Sklave aller sein' (Mk 10,44). Diese Worte, die Jesus an die Jünger gerichtet hat und die soeben auf diesem Platz erklungen sind, weisen den Weg zu der ‚Größe', die dem Evangelium entspricht. Es ist der Weg, den Christus selbst bis zum Kreuz gegangen ist; ein Weg der Liebe und des Dienens, der jede menschliche Logik umstürzt. Der Diener aller sein!
>
> Von dieser Logik hat sich Mutter Teresa von Kalkutta, die Gründerin der Missionare und Missionarinnen der Nächstenliebe, leiten lassen, die ich heute zu meiner Freude in das Verzeichnis der Seligen eintragen kann. Ich bin dieser mutigen Frau, deren Nähe ich immer gespürt habe, persönlich dankbar. Als Ikone des barmherzigen Samariters ging sie überall hin, um Christus in den Ärmsten der Armen zu dienen. Nicht einmal Konflikte und Kriege konnten sie aufhalten.

Ab und zu kam sie und erzählte mir von ihren Erfahrungen im Dienst an den Werten des Evangeliums. Ich erinnere mich zum Beispiel an ihre Stellungnahmen für das Leben und gegen die Abtreibung, auch anlässlich der Verleihung des Friedensnobelpreises (Oslo, 10. Dezember 1979). Sie pflegte zu sagen: ‚Wenn ihr hört, dass eine Frau ihr Kind nicht austragen, sondern abtreiben will, dann versucht sie zu überzeugen, dass sie mir dieses Kind bringt. Ich werde es lieben, weil ich in ihm ein Zeichen der Liebe Gottes sehe.‘

Ist es nicht bedeutsam, dass ihre Seligsprechung gerade an dem Tag stattfindet, an dem die Kirche den Weltmissionssonntag feiert? Durch ihr Lebenszeugnis erinnert Mutter Teresa alle daran, dass der Evangelisierungsauftrag der Kirche über die Nächstenliebe führt und durch das Gebet und das Hören des Wortes Gottes genährt wird. Symbol dieses missionarischen Stils ist eine Aufnahme, die bei der neuen Seligen erkennbar wird, wenn sie in der einen Hand das Händchen eines Kindes festhält und durch die Finger der anderen Hand den Rosenkranz gleiten lässt.

Kontemplation und Aktion, Evangelisierung und menschliche Förderung. Mutter Teresa verkündet das Evangelium durch ihr ganzes Leben, das sie den Armen gewidmet hat und das zugleich ganz vom Gebet erfüllt war.

‚Wer bei euch groß sein will, der soll euer Diener sein‘ (Mk 10,43). Tief bewegt gedenken wir heute Mutter Teresas, einer herausragenden Dienerin der Armen, der Kirche und der ganzen Welt. Ihr Leben ist ein Zeugnis für die Würde und den Vorrang des demütigen Dienstes. Sie wollte nicht nur die Geringste, sondern die Dienerin der Geringsten sein. Wie eine wahre Mutter der Armen beugte sie sich herab zu allen, die unter verschiedenen Formen von Armut leiden. Ihre Größe bestand in der Fähigkeit zu geben, ohne die Kosten zu berechnen; zu geben, ‚bis es wehtut‘. Ihr Leben war ein radikales Dasein und eine mutige Verkündigung des Evangeliums.

Jesu Ruf am Kreuz: ‚Mich dürstet!' (Joh 19,28), ein Ausdruck der tiefen Sehnsucht Gottes nach dem Menschen, durchdrang Mutter Teresas Seele und fand in ihrem Herzen fruchtbaren Boden. Den Durst Jesu nach Liebe und nach Seelen in Vereinigung mit Maria, der Mutter Jesu, zu stillen, wurde das alleinige Ziel von Mutter Teresas Leben und die innere Kraft, die sie über sich selbst hinauswachsen und über den Globus ‚eilen' ließ, um für die Rettung und Heiligung der Ärmsten der Armen tätig zu sein.

‚Was ihr für einen meiner geringsten Brüder getan habt, das habt ihr mir getan' (Mt 25,40). Dieser Satz aus dem Evangelium, der so entscheidend ist für das Verständnis von Mutter Teresas Dienst an den Armen, war die Grundlage ihrer vom Glauben erfüllten Überzeugung, dass sie, wenn sie den gebrochenen Leib der Armen berührte, den Leib Christi berührte. Ihr Dienst hatte Jesus zum Ziel, der sich unter der leidvollen Maske der Ärmsten der Armen verbirgt. Mutter Teresa erhellt den tiefsten Sinn des Dienens – eine Tat der Liebe für die Hungrigen, die Durstigen, die Fremden, die Nackten, die Kranken und die Gefangenen (vgl. Mt 25,34–36) ist für Jesus selbst getan.

Mutter Teresa fand ihre tiefste Erfüllung und lebte die edelsten Eigenschaften ihres Frauseins in der vollkommenen Hingabe ihrer selbst an Gott und den Nächsten. Sie wollte ein Zeichen ‚der Liebe Gottes, der Gegenwart Gottes und der Barmherzigkeit Gottes' sein und alle an den Wert und die Würde jedes Gotteskindes erinnern, das ‚geschaffen war, zu lieben und geliebt zu werden'. Mutter Teresa ‚führte also Seelen zu Gott, und den Seelen brachte sie Gott', und sie stillte den Durst Christi, besonders nach denen in größter Not, nach denen, deren Gottesbild durch Leiden und Schmerzen getrübt war.

‚Der Menschensohn ist gekommen, um zu dienen und sein Leben hinzugeben als Lösegeld für viele' (Mk 10,45). Mutter Teresa hat das Leiden des Gekreuzigten geteilt, in besonderer Weise in den langen Jahren ‚der inneren Finsternis'. Das war manchmal eine harte Prüfung, die sie als ein besonderes ‚Geschenk und Privileg' angenommen hat.

In den dunkelsten Stunden fand sie mit noch mehr Ausdauer Halt im Gebet vor dem allerheiligsten Altarsakrament. Diese schweren geistlichen Qualen haben sie dazu angeleitet, sich mit allen, denen sie Tag für Tag diente, immer mehr zu identifizieren, indem sie deren Schmerzen und manchmal sogar die Ablehnung erlebte. Sie sagte wiederholt, dass die größte Armut darin bestünde, unerwünscht zu sein und niemanden zu haben, der für einen sorgt.

‚Lass Deine Güte über uns walten, o Herr, denn wir schauen aus nach Dir.' Wie oft hat Mutter Teresa in den Momenten innerer Trostlosigkeit wie der Psalmist zum Herrn gesagt: ‚Auf Dich, auf Dich, mein Gott, hoffe ich!'

Wir würdigen diese kleine, in Gott verliebte Frau als einfache Botin des Evangeliums und unermüdliche Wohltäterin der Menschheit. Wir ehren in ihr eine der bedeutendsten Persönlichkeiten unserer Zeit. Nehmen wir ihre Botschaft an und folgen wir ihrem Beispiel.

Jungfrau Maria, Königin aller Heiligen, hilf uns, dass wir sanft und demütig von Herzen werden wie diese furchtlose Botin der Liebe. Hilf uns, dass wir jedem Menschen, dem wir begegnen, mit Freude und mit einem Lächeln dienen. Hilf uns, Missionare Christi zu sein, der unser Friede und unsere Hoffnung ist. Amen."

Mutter Teresa, Äthiopien 1977

Am folgenden Tag hielt der Papst eine etwas kürzere Ansprache an die Pilger, die der Seligsprechung von Mutter Teresa beigewohnt hatten. Nochmals hob er die Bedeutung und Spiritualität der neuen Seligen für uns und die heutige Zeit in prägnanten, wegweisenden Worten hervor:

> „Herzlich begrüße ich euch, und mit Freude schließe ich mich eurer Danksagung an Gott für die Seligsprechung von Mutter Teresa von Kalkutta an. Ich fühlte mich ihr in großer Hochachtung und aufrichtiger Zuneigung tief verbunden. Daher freue ich mich ganz besonders über diese Begegnung mit euch, ihren geistigen Töchtern und Söhnen. Mein besonderer Gruß gilt Schwester Nirmala, wobei ich an den Tag zurückdenke, an dem Mutter Teresa nach Rom kam, um sie mir persönlich vorzustellen. Ich weite meinen Gruß aus auf alle Menschen, die zur großen geistigen Familie dieser neuen Seligen gehören.

Missionarin der Nächstenliebe: Das war Mutter Teresa in Tat und Wahrheit. Mit innerer Ergriffenheit wiederhole ich diese Worte, die ich zwei Tage nach ihrem Tod sprach.

An erster Stelle war sie Missionarin. Es besteht kein Zweifel, dass die neue Selige eine der größten Missionarinnen des 20. Jahrhunderts gewesen ist. Aus dieser einfachen Frau, die aus einer der ärmsten Gegenden Europas stammte, machte der Herr ein auserwähltes Werkzeug (vgl. Apg 9,15), um der ganzen Welt das Evangelium zu verkündigen – nicht durch Predigttätigkeit, sondern durch alltägliche Gesten der Liebe gegenüber den Ärmsten. Missionarin mit einer allgemein verständlichen Sprache, nämlich jener der grenzenlosen Liebe, die niemanden ausschließt und niemanden bevorzugt, es sei denn die Verlassensten.

Missionarin der Nächstenliebe. Missionarin Gottes, der die Liebe ist, der die Geringen und Demütigen bevorzugt, der sich über den an Körper und Geist Leidenden beugt, um das ‚Öl des Trostes und den Wein der Hoffnung' über seine Wunden zu gießen. Gott hat dies in der Person seines Mensch gewordenen Sohnes Jesus Christus, des Barmherzigen Samariters der Menschheit, getan. Er tut dies auch weiterhin in der Kirche, vor allem durch die Heiligen der Nächstenliebe. Mutter Teresa erstrahlt in dieser Schar in ganz besonderer Weise.

Wo fand Mutter Teresa die Kraft, um sich vollkommen in den Dienst an den Mitmenschen zu stellen? Sie fand sie im Gebet und in der stillen Betrachtung Jesu Christi, seines Heiligen Antlitzes und seines Heiligsten Herzens. Sie selbst brachte dies mit folgenden Worten zum Ausdruck: ‚Die Frucht der Stille ist das Gebet; die Frucht des Gebets ist der Glaube; die Frucht des Glaubens ist die Liebe; die Frucht der Liebe ist der Dienst; die Frucht des Dienstes ist der Friede.' Friede – sogar an der Seite der Sterbenden, sogar in Krieg führenden Staaten, sogar angesichts von Attacken und feindseliger Kritik. Dies war das Gebet, das ihr Herz mit dem Frieden Christi selbst erfüllte und ihr ermöglichte, diesen Frieden auch auf andere auszustrahlen.

Eine Missionarin der Nächstenliebe, eine Missionarin des Friedens, eine Missionarin des Lebens. Mutter Teresa war all dies. Stets erhob sie ihre Stimme zum Schutz des menschlichen Lebens, auch wenn ihre Botschaft manchmal nicht willkommen war. Das ganze Dasein Mutter Teresas war ein Lobpreis auf das Leben. Ihr täglicher Kontakt mit Tod, Lepra, Aids und allen Formen menschlichen Leidens machte sie zu einer kraftvollen Zeugin für das Evangelium des Lebens. Selbst ihr Lächeln war ein Ja zum Leben, ein freudiges, aus tiefem Glauben und tiefer Liebe erwachsenes Ja, ein Ja, das im Schmelztiegel des Leidens geläutert war. Sie erneuerte dieses Ja jeden Morgen in Vereinigung mit Maria, zu Füßen des Kreuzes Christi. Der Durst des gekreuzigten Jesus wurde zum Durst auch Mutter Teresas und zur Inspiration ihres Weges der Heiligkeit.

Mutter Teresa von Kalkutta war wahrhaftig eine Mutter. Mutter der Armen, Mutter der Kinder. Mutter vieler Mädchen und Jugendlicher, die sie als geistige Leiterin hatten und sich an ihrer Sendung beteiligten. Aus einem kleinen Samen hat der Herr einen großen Baum mit vielen Früchten wachsen lassen (vgl. Mt 13,31–32). Vor allem ihr, liebe Söhne und Töchter von Mutter Teresa, seid die vielsagendsten Zeichen dieser prophetischen Fruchtbarkeit. Bewahrt ihr Charisma unverändert und folgt ihrem Beispiel, dann wird sie euch auf eurem täglichen Weg mit Sicherheit vom Himmel aus unterstützen.

Die Botschaft Mutter Teresas erscheint jedoch heute mehr denn je als eine Einladung, die an alle Menschen gerichtet ist. Ihre ganze Existenz erinnert uns daran, dass Christ sein bedeutet, Zeugen der Liebe zu sein. Das ist das Vermächtnis der neuen Seligen. Indem ich mir ihre Worte zu eigen mache, fordere ich jeden Einzelnen auf, den Spuren dieser wahren Jüngerin Christi großherzig und mutig zu folgen. Auf den Wegen der Nächstenliebe geht Mutter Teresa an eurer Seite."

Mit der Seligsprechung erklärt die katholische Kirche feierlich, dass ein verstorbener vorbildlicher Christ von Gott in die Schar der Seligen bzw. Heiligen aufgenommen worden ist. Durch die Seligsprechung ist eine lokale öffentliche Verehrung, z. B. in einer Diözese oder einem Orden, gestattet. Mit der Heiligsprechung, die ein weiteres Wunder benötigt, ist eine Verehrung der betreffenden Person in der ganzen katholischen Kirche gestattet und sie findet Aufnahme im Martyrologium, dem römischen Verzeichnis der Heiligen.

Der Heiligsprechungsprozess für Mutter Teresa ist im Gange.

Die Kongregation „Missionaries of Charity“

Schwestern der Nächstenliebe

Der selbstlose Einsatz Mutter Teresas und ihrer Schwestern wirkte ansteckend. Der neue Orden hatte ein Wachstum zu verzeichnen, das niemand vorausahnen konnte und das weiter andauern sollte. Immer mehr indische und ausländische Mädchen aus allen Schichten schlossen sich ihm an. Selbst Mädchen aus der Oberschicht scheuten sich nicht, auf den Reichtum ihrer Eltern zu verzichten, um sich zu den Verlassenen auf die Straße zu begeben und ihnen zu helfen.

Diese Mädchen wollten Gott alles opfern: ihre Stellung, ihr Heim, ihre Zukunft. Sie wollten sich Gott völlig ausliefern. Vom ersten Tag an, den sie in der Gemeinschaft verbrachten, mussten sie in die Slums gehen und dort arbeiten. Das ist ein Teil ihrer Ausbildung. Obwohl es für sie eine sehr schwere Prüfung sein kann, finden sie Erfüllung darin. Nur sehr wenige verlassen den Orden wieder.

Der Geist dieser Gemeinschaft ist die völlige Hingabe, liebendes Vertrauen und Fröhlichkeit.

Im Gegensatz zu anderen Orden hält der Zustrom von Berufungen bei den Missionarinnen der Nächstenliebe weiterhin an. Mutter Teresa sagte dazu: „Wenn Gott uns Berufungen schenkt, ist das ein Zeichen, dass er will, dass wir zu den Armen gehen.“

Auf die Frage, warum es in der Welt so wenig Berufungen gebe, antwortete sie:

> „Es gibt zu viel Reichtum, zu viel Komfort, einen sehr hohen Lebensstandard, nicht nur in den Familien, sondern auch bei den Orden. Von überall her kommen die jungen Menschen nach Indien und führen ein sehr armseliges Leben, ärmer als unseres, weil sie das Verlangen haben, aus ihrem reichen Milieu auszubrechen. Ich glaube, sie wollen wirklich ein lebendes Beispiel für die Armut Christi sein. Es genügt nicht, den Geist der Armut zu kennen; man muss die Armut kennen, wenn man wirklich nichts besitzt.

Heute wollen die Menschen, selbst wenn sie aus einem ‚wohlhabenden' Milieu kommen, die Erfahrung machen, was ‚nicht haben' bedeutet. Die meisten der Berufungen, die aus Europa oder Amerika zu uns gekommen sind, haben uns nicht wegen der Arbeit gebeten, unserer Kongregation beitreten zu dürfen, sondern aus Liebe zur Armut" (Geistliche Texte, S. 62).

Mutter Teresa verlangte sehr viel von ihren Schwestern. Sie müssen ein Leben in völliger Armut leben wie die Ärmsten der Armen. Sie sollen Mitarbeiter Christi in den Slums sein, und sie müssen verstehen, was Gott und die Gesellschaft von ihnen erwarten. Christus strahlt sein Leben in sie aus und wirkt somit durch sie in den Slums. Die Missionarinnen der Nächstenliebe sind für die Kranken und Leidenden wahre Engel der Hilfe und des Trostes.

Über die Gelübde sagte Mutter Teresa:

„Wozu wir uns von Gott gebrauchen lassen, das ist wichtig. Was er durch uns tut, das ist wichtig. Weil wir Ordensleute sind, liegt unsere eigentliche Berufung nicht darin, für die Aussätzigen oder Sterbenden zu sorgen, sondern Jesus anzugehören. Weil ich ihm angehöre, ist die Arbeit für mich ein Mittel, meine Liebe zu ihm in die Tat umzusetzen. So ist sie kein Ziel, sie ist ein Mittel. Weil es meine Berufung ist, Gott ganz anzugehören, ihn mit ungeteilter Liebe zu lieben, habe ich die Gelübde abgelegt" (Doig, S. 169).

Das Gelübde der Armut ist bei den Missionarinnen der Nächstenliebe sehr streng, denn um die Armen zu kennen und zu lieben, müssen sie selbst arm sein. Sie tragen die gleiche Kleidung wie die Armen, essen die gleiche Speise und besitzen außer ihrem Sari und einigen Habseligkeiten nichts.

„Eine Schwester besitzt nicht mehr als drei Garnituren ihrer Ordenstracht ..., zwei Garnituren Unterwäsche, eine Strickjacke und ein paar Sandalen. Mäntel und Schirme sind Gemeinschaftseigentum. Zu den persönlichen Habseligkeiten gehören ein Rosenkranz, ein Gebetbuch, das … Ordenskreuz … und eine Tuchtasche, mehr nicht. Ihre Auslegung des Armutsgebots verbietet den Schwestern den gemeinschaftlichen Besitz eines Fernsehers, einer Tageszeitung, eines Computers oder einer Waschmaschine, weshalb jede Schwester täglich einen ihrer Saris mit der Hand waschen muss; es verbietet private Telefone, ja sogar die Pflege einer noch so bescheidenen Privatsphäre, weshalb die Schwestern zusammen in einem Raum schlafen und grundsätzlich nie allein unterwegs sind“ (Sammer 2006, S. 30).

Sie legen wie bei anderen Orden das Gelübde der Keuschheit, das heißt der völligen und ungeteilten Liebe und Hingabe an Christus, sowie das Gelübde des Gehorsams ab, das heißt, dass sie Werkzeuge Gottes sind und tun, was er will, ohne sich dagegen zu wehren.

Die Missionarinnen der Nächstenliebe legen aber noch ein viertes Gelübde ab, das die anderen Kongregationen nicht kennen: den Armen vollkommenen, freien Dienst zu leisten, das heißt, Christus in der niederdrückenden Erscheinung der Armen zu dienen. Das bedeutet also, dass sie nie für Reiche und nie für Geld arbeiten. Sie wollen, dass ihr Dienst frei ist und nur für die Armen, für die Ärmsten der Armen.

Mutter Teresa sagte dazu:

„Wenn man sich bei der Arbeit, die einem anvertraut ist, wirklich hingibt, dann muss man sie mit ganzem Herzen tun. Und man kann Heil nur bringen, wenn man aufrichtig ist und wirklich mit Gott arbeitet. Es kommt nicht darauf an, wie viel wir tun, sondern wie viel Liebe, wie viel Aufrichtigkeit, wie viel Glauben wir in unser Tun legen“ (Doig, S. 169).

Der Tag der Schwestern ist mit Arbeit und Gebet voll ausgefüllt. Er beginnt schon in aller Frühe:

„Aufstehen um 4.30 Uhr
Stundengebet um 5.00 Uhr

tägliche Messe mit Predigt um 5.45 Uhr
anschließend Frühstück und Hausarbeit
8.00–12.30 Uhr Missionsdienst
12.30 Uhr Mittagessen, danach Ruhepause
14.30–15.00 Uhr Lesungen und Meditation, anschließend Tee
15.15–16.30 Uhr eucharistische Anbetung
Missionsdienst bis 19.30 Uhr, anschließend Abendessen
21.00 Uhr Nachtgebet
21.45 Uhr Nachtruhe"
(Sammer 2006, S. 31 f.)

Mutter Teresa bildete lange Zeit ihre Helferinnen selber aus; heute tun dies Novizenmeisterinnen. Mutter Teresas Erziehungsziel bestand darin, die jungen Kandidatinnen, die sich dem Orden anschließen wollten, dazu zu führen, sich Christus vollständig zu weihen: „Jeder von ihnen lege ich eindringlich ans Herz, dass sie eine Braut Christi sei, dass sie ihm ihre ganze Liebe schenken solle und ihn ebenso sehr lieben müsse wie eine Frau ihren Gatten."

Wie Paulus, der sagte: „Nehmt mich zum Vorbild, wie ich Christus zum Vorbild nehme" (1 Kor 11,1), so gab Mutter Teresa selbst ein Beispiel für das, was sie von ihren Mitschwestern erwartete, die sie durch Wort und Tat unterwies. Sie konnte also viel von ihnen verlangen, weil sie selbst auch viel gegeben hatte. Sie verlangte aber wiederum von ihren Schwestern nichts, was sie nicht auch sich selbst abverlangt hätte.

Das Wichtigste an der Schwesternausbildung war für sie, dass den Schwestern eine tiefe innere und persönliche Liebe zum Altarsakrament vermittelt wird, denn dann können sie Jesus in der Eucharistie begegnen und hinausgehen und Jesus im Nächsten begegnen und ihm somit in den Armen dienen.

Wenn sie den Armen dienen, dienen sie Jesus. Ihn pflegen sie und ihm geben sie zu essen, ihn kleiden sie, ihn trösten und besuchen sie in den Armen, Verlassenen, Kranken, Waisen und Sterbenden.

„Das Streben nach Vollkommenheit war es, was sie von ihren Schwestern forderte. … Sie hatte gelobt, so sagte sie ihnen oft, der Mutter Kirche Heilige zu geben, und sie war streng bei ihrer Ausbildung zu diesem Ziel. Es reichte ihr nicht, dass die Schwestern lediglich gute Ordensfrauen waren. Sie wollte Gott ein vollkommenes Opfer darbringen, und nach ihrer Ansicht machte nur Heiligkeit das Geschenk vollkommen“ (Spink, S. 95).

Ihr ganzes Tun, ihre Arbeit, ihr Leiden, ihr Gebet, alles vollbringen sie für Jesus.

Während andere Orden großen Nachwuchsmangel beklagen, wurde die Schwesterngemeinschaft Mutter Teresas im Lauf der Jahre immer größer. 1979 waren es 1187 Schwestern, 411 Novizinnen und 120 Postulantinnen in 158 Niederlassungen in aller Welt. Im Jahre 1990 gab es schon 3068 Schwestern, dazu 454 Novizinnen und 140 Kandidatinnen. Heute sind es 4892 Schwestern in 720 Häusern in 134 Ländern.

Brüder der Nächstenliebe

Mutter Teresa verspürte die Notwendigkeit, dass sie dringend männliche Helfer brauchte, die sich beispielsweise um die Jungen in der Schule oder um die Männer im Heim für Sterbende kümmern konnten. Außerdem gab es Arbeiten, wie etwa die Betreuung von Männern und Obdachlosen im Hafen, die die Schwestern nicht tun konnten.

Mit den ersten drei Kandidaten gründete Mutter Teresa am 25. März 1963 die Gemeinschaft der „Missionsbrüder der Nächstenliebe“. Auf der Suche nach einem Priester, der die kleine Gemeinschaft leiten sollte, stieß Mutter Teresa auf den 1928 geborenen australischen Jesuiten Ian Travers-Ball, der eine Berufung für die Armen verspürte und mit Erlaubnis seiner Obern die Gesellschaft Jesu verließ. Er wurde ab 1966 Oberer der Brüder, weil, so Mutter Teresa, „er ein sehr heiliger Mensch ist, wirklich sehr heilig“. Als Bruder Andrew wurde auch er weltweit bekannt. 1967 erkannte Rom die Gemeinschaft der Brüder als eine diözesane Institution an.

Bruder Andrew übernahm für seine Brüder im Prinzip die Statuten der Missionarinnen der Nächstenliebe, passte sie aber den Dekreten des 2. Vatikanischen Konzils an und versuchte auch in besonderer Weise, den Geist der Missionsbrüder herauszustellen. So in den Eingangsworten und im Artikel 2:

> „Der generelle Zweck der Gemeinschaft kommt von den Lippen Christi unseres Herrn selbst: ‚Ein neues Gebot gebe ich euch: Liebt einander! Wie ich euch geliebt habe, so sollt auch ihr einander lieben. Daran werden alle erkennen, dass ihr meine Jünger seid, wenn ihr einander liebt …‘
>
> Dieses Leben der Liebe zu leben, indem man sich dem Dienst am Ärmsten der Armen widmet – in den Slums, auf den Straßen und wo immer sonst sie zu finden sind, Leprakranke, obdachlose Bettler, die verlassenen Knaben ohne Heim, die Arbeitslosen und jene, die durch Krieg und Naturkatastrophen entwurzelt sind, werden immer der besondere Gegenstand der Sorgfalt der Brüder sein.“

Am Anfang zogen die Brüder mit den Schwestern in die Slums, um ihnen bei ihrer Arbeit zu helfen. Heute haben sie jedoch ihre eigenen Häuser und arbeiten hauptsächlich in besonders verrufenen Gegenden. Sie kümmern sich dabei um die chronisch Kranken, die Sterbenden, die Aussätzigen, die jugendlichen Kriminellen, die Drogensüchtigen und die geistig Kranken.

Im Gegensatz zu den Schwestern tragen die Brüder keinen Habit, sondern gewöhnliche Kleider wie Hosen und T-Shirts. Lediglich das kleine schwarze Kreuz zeichnet sie aus. Wie für die Schwestern gilt auch für sie, dass sie all die schwere Arbeit, den Dienst an den Ärmsten der Armen, nur aus Liebe zu Christus verrichten.

Das Verhältnis zwischen Mutter Teresa und Bruder Andrew war nicht immer spannungsfrei. Es gab Meinungsverschiedenheiten und man stritt sich sogar über bestimmte Punkte. Aber schließlich wussten beide um eine höhere Sendung und zogen am gleichen Strick. Mutter Teresa war auch bereit, Bruder Andrew sehr viel Freiheit zuzugestehen, auch wenn sie nicht mit ihm übereinstimmte.

Bruder Andrews Briefe, die von seiner Arbeit berichten, sprechen in einer sehr anrührenden, persönlichen, spirituell tiefen Weise vom Wert der kleinen Dinge, von den Wundern der Liebe, denen die Brüder immer wieder begegnen:

> „Wir sind gesegnet, wenn wir sehen, wie die scheinbar Zerbrochenen geheilt werden, wenn wir sehen, wie der scheinbare Sünder ein Heiliger ist, der scheinbar Arme auf eine uns unvorstellbare Weise reich ist. Ja, Gott hat uns gesegnet. Er hat uns heute hierher gebracht, um das Wunder seiner Gegenwart zu bezeugen … Er ist hier unter uns, verkleidet in Lumpen und Schmutz. Er ist es – hungrig; er ist es – durstig; er ist es – ohne Heim und einsam. Er ist es, der … so verkleidet durch die Straßen geht, dass er uns sogar schockiert" (Spink, S. 145).

Ein Journalist schrieb über seine Begegnung mit den Brüdern der Nächstenliebe:

> „Was mich bei meinem jüngsten Besuch im Noviziatshaus der Brüder von Mutter Teresa in Kalkutta am stärksten beeindruckt hat, ist die spürbare Freude, mit der die Brüder ihren schweren Dienst tun.
>
> ‚Du kannst nicht Missionar der Liebe sein', heißt es in der Regel, ‚wenn dein Herz nicht voll Freude ist.' Dazu gesellt sich eine herzliche Gastfreundschaft. Obwohl im Noviziatshaus viel zu wenig Platz ist – die meisten Brüder schlafen auf dem Boden im Flur, im Treppenhaus oder im Speiseraum –, bin ich für eine Woche freundlichst bei ihnen willkommen … Ausgiebig Zeit lassen sich die Brüder zum Gebet. ‚Für viele, die aus einem Naturvolk oder einer indischen Großfamilie zu uns kommen', erzählt der junge Novizenmeister Bruder Jesusdas, ist das persönliche Gebet unbekannt. Doch nur wenn wir in der Stille und im meditativen Gebet feinfühlig werden für die Art, wie Christus

zu jedem Einzelnen spricht, kann unser Dienst unter den Ärmsten auf die Dauer eine lebendige Sprache, eine wirkliche Verkündigung sein.'"

Ende der 70er Jahre betrug die Zahl der Brüder 204, die in 29 Niederlassungen, verteilt in sieben Ländern, arbeiteten. Heute bilden 400 Brüder die Gemeinschaft der Missionsbrüder der Nächstenliebe – fünf davon sind Priester –, die in 69 Niederlassungen arbeiten.

Im Jahre 1986 hatte Bruder Andrew beim Generalkapitel der Missionsbrüder der Nächstenliebe nach 20 Jahren als Oberer seinen Rücktritt eingereicht, der angenommen wurde. Sein Nachfolger wurde Bruder Geoff.

Bruder Andrew starb im Oktober 2000 im Alter von 72 Jahren an Krebs im Haus der Missionarinnen der Nächstenliebe in Melbourne.

Weitere Gründungen

Es gab Schwestern, die durch Krankheit oder Alter nicht mehr in der Lage waren, sich im Dienst an den Ärmsten zu verzehren, dafür aber umso mehr Zeit zum Beten hatten. So kam Mutter Teresa auf die Idee, einen kontemplativen Zweig ihres Ordens ins Leben zu rufen.

1976 gründete sie die „Kontemplativen Missionarinnen der Nächstenliebe", denen sich auch Schwestern anschlossen, die mehr kontemplativ ausgerichtet waren. Ihre besondere Mission war es, „das Wort Gottes in Eucharistie, Anbetung und Kontemplation zu leben". Von anderen kontemplativen Orden unterschieden sie sich dadurch, dass sie nachmittags etwa zwei Stunden für die Ärmsten der Armen arbeiteten.

Trotz der Skepsis von Bruder Andrew gründete Mutter Teresa 1978 die Gemeinschaft der „Kontemplativen Missionsbrüder der Nächstenliebe".

Menschen, die sich vom Geist und dem Charisma der Missionare der Nächstenliebe begeistern lassen, aber keinem Orden beitreten wollen, können sich der „Bewegung der Laienmissionare“ anschließen, eine Art „Dritter Orden“. Als Alleinstehende oder Verheiratete legen sie die gleichen Gelübde ab und leben nach einer geistlichen Regel. In ihrer eigenen Umgebung helfen sie den Missionarinnen der Nächstenliebe.

1987 wurde die Bewegung von Rom anerkannt. Sie wächst sehr schnell. Ihre Statuten wurden schon in 15 Sprachen übersetzt.

Eine weitere Gemeinschaft bilden die „Patres der Missionarinnen der Nächstenliebe“ unter dem amerikanischen Priester Joseph Langford. Mitglieder sind Priester, die ihr Amt im Geiste Mutter Teresas und ihrer Schwestern ausüben wollen entsprechend den vier Gelübden. Sie wurde 1984 gegründet.

Die geistliche Erneuerung der Priester lag Mutter Teresa besonders am Herzen.

So rief sie die „Corpus-Christi-Bewegung“ ins Leben, bei der Weltpriester, Diakone und Seminaristen mitmachen, die sich den Missionarinnen der Nächstenliebe verbunden fühlen und das Evangelium bewusster und entschiedener leben wollen, ohne allerdings ihren Status aufzugeben. Sie sehen die Bewegung auch als Heilmittel gegen die Vereinsamung der Priester, indem sie Freundschaften untereinander schaffen und sich gegenseitig zu einem guten Priesterleben verhelfen. 1997 wurde die Bewegung als internationale Vereinigung von Diözesanpriestern apostolisch anerkannt.

Die Mitarbeiter Mutter Teresas

Internationale Bewegung

Eine große Anzahl von Menschen aller Rassen und Konfessionen, die Mutter Teresa helfen wollten, hatte sich zusammengeschlossen zum „Internationalen Verband der Mitarbeiter Mutter Teresas".

Es handelt sich hierbei nicht um eine Organisation im herkömmlichen Sinn des Wortes, sondern vielmehr um eine „Familie", deren Mitglieder danach trachten, Gott und den Menschen näher zu kommen durch Gebet und Liebesdienst für seinen Nächsten.

1969 wurde der „Internationale Verband der Mitarbeiter Mutter Teresas" dem Orden der Missionare der Nächstenliebe angegliedert. Papst Paul VI. segnete ihre Satzungen.

Mutter Teresa sagte: „Ein Mitarbeiter ist eine Person, die Liebe in Aktion zu den Ärmsten der Armen umsetzt. Wo? Zuerst in seiner eigenen Familie, bevor er jemandem außerhalb hilft."

Mutter Teresa bat die Mitarbeiter, die Armen in ihren eigenen Familien zu erkennen, in ihren Nachbarschaften, an ihren Arbeitsplätzen, in ihren Dörfern und Städten, und ihnen das mit Liebe zu tun, was getan werden muss, die kleinen Dinge, für die niemand Zeit hat, sie zu tun.

Sie bat sie auch, die Bedürftigen in ihren eigenen Familien zu betreuen, bevor sie den Bedürftigen im weiteren Umkreis dienen, denn Nächstenliebe beginnt zu Hause.

An die 25 Jahre leisteten die Mitarbeiter Mutter Teresas, die Hilfswerke in diversen Ländern, unermessliche Dienste für Mutter Teresa und ihre Schwestern. Sie waren mit den Schwestern im Gebet verbunden, sie opferten ihre Leiden für die Missionarinnen der Nächstenliebe auf und waren auch finanziell eine große Stütze, sodass der Orden immer neue Häuser für Obdachlose und Aids-Kranke, für Waisenkinder und Sterbende errichten konnte. Millionen von Menschen weltweit engagierten sich für ihr Projekt, den Dienst an den

Ärmsten der Armen – so in Dänemark, wo über 100 000 Schüler auf ein Glas Milch verzichteten, damit andere zu essen hätten, oder in der Schweiz, wo das Hilfswerk Mutter Teresas jedes Jahr 800 000 Kapseln des Medikaments Lampren nach Kalkutta für die Leprakranken schickte. Dutzende von Millionen Dollar an Spenden flossen an die Einrichtungen Mutter Teresas.

1993 sollte das allerdings schlagartig enden. Gerüchte kamen auf, dass nicht jeder Dollar an Mutter Teresa ging, sondern auch für Weltreisen der Mitarbeiter oder für die Verwaltung Geld gebraucht wurde. Den Verantwortlichen gelang es allerdings, den bösen Gerüchten den Boden zu entziehen.

Dennoch, Mutter Teresa, die auch bekannt war für spontane Entscheidungen, wollte wieder zurückkehren zu ihren einfachen Anfängen, wo ihr Werk ganz von der Vorsehung abhängig war. Am 30. August 1993 verschickte sie einen Brief an die Mitarbeiter in der ganzen Welt, in dem unter anderem zu lesen stand:

> „… Ich bin sehr dankbar für all die wunderbare Arbeit, die jeder von Euch von Anfang an geleistet hat. Diese 25 Jahre waren für Gott etwas sehr Schönes. Ich möchte Euch danken, besonders denen, die seit dem ersten Tag an meiner Seite sind … Im Himmel erwartet Euch eine große Belohnung …
>
> Jetzt, wo die Zeiten sich geändert haben und die Schwestern in 105 Ländern der Welt arbeiten, brauchen wir keine Mitarbeiter mehr, die als Organisation mit Vorständen, Angestellten und Bankkonten funktionieren. … Jedes Geld, das Euch für Mutter Teresa oder die Missionarinnen der Nächstenliebe übergeben wird, muss sofort und in voller Höhe an den Orden weitergeleitet werden. Solange Ihr diese Punkte beachtet, gehört Ihr zur Familie der Missionarinnen der Nächstenliebe und könnt Mitarbeiter von Mutter Teresa sein. Ich möchte jedoch nicht, dass die Mitarbeiter als Organisation weiter bestehen. Ich habe an alle Bischöfe in der ganzen Welt geschrieben, dass ich diese Entscheidung getroffen habe. Lasst uns durch die heilige

Mutter Gottes im Herzen Jesu als geistige Familie vereint bleiben. …

Lasst uns alle ein Herz sein, ein Herz, angefüllt mit Liebe … Ich schließe jeden von Euch in meine täglichen Gebete ein. Lasst uns ein Herz voller Liebe sein. Lasst uns beten" (Spink, S. 313 f.).

Für die Mitarbeiter Mutter Teresas war diese Entscheidung hart. Auch wenn sie das nicht verstehen konnten, so akzeptierten sie es. Hilfswerke, so jenes in der Schweiz, wurden aufgelöst.

Viele Mitarbeiter begleiteten die Arbeit der Schwestern mit ihrem Gebet oder ihren Spenden weiter, weshalb Schwester Nirmala 1998 beschloss, das Ganze als „Internationale Bewegung der Mitarbeiter Mutter Teresas" weiterzuführen. Sie sollten sich nunmehr nicht als Verbandsmitglieder, sondern der geistlichen Familie des Ordens zugehörig fühlen im Sinne von Mutter Teresas Botschaft von 1988: „Ich möchte, dass die Familie meiner Mitarbeiter ein lebendiges Beispiel von Frieden, Liebe und Mitleid gibt, die lebendige Wirklichkeit von Gottes Liebe ist."

Kranke und leidende Mitarbeiter

Kranke und leidende Mitarbeiter, die nicht in der Lage sind, an den Aktivitäten zum Dienst an den Armen teilzunehmen, können geistlich mit einer individuellen Missionarin oder einem individuellen Missionar verbunden werden, indem sie ihre Gebete oder ihr Leiden für diese spezielle Schwester oder für diesen speziellen Bruder oder Pater aufopfern. So können auch sie mitwirken am Dienst für die Ärmsten der Armen.

Mutter Teresa im Blick der Öffentlichkeit

Auszeichnungen

An öffentlicher Anerkennung für das Werk Mutter Teresas fehlte es nicht.

Am 6. Januar 1971 verlieh ihr Papst Paul VI. in Rom den „Friedenspreis Papst Johannes' XXIII.". Sie ist somit die erste Frau der Welt, die den „Oskar der Nächstenliebe" erhielt.

Ebenfalls im Jahre 1971 bekam sie den „John F. Kennedy International Award".

1972 ehrte die indische Ministerpräsidentin Indira Gandhi Mutter Teresa mit dem „Nehru-Preis" für internationale Verständigung. Dazu schenkte ihr die indische Regierung einen Freifahrtschein für alle indischen Eisenbahnen und Fluggesellschaften.

Der englische Prinzgemahl Philip überreichte ihr 1973 in London den „Templeton-Preis" für Fortschritt in der Religion.

Im Jahre 1979 erhielt sie den „Bharat Ratna" (Juwel von Indien), die höchste zivile Auszeichnung Indiens.

Königin Elizabeth überreichte ihr 1983 den „Order of Merit".

1987 erhielt sie die Goldmedaille des Sowjetischen Friedenskomitees und 1997 die Goldmedaille des US-Kongresses.

1989 wurde ihr der „Women of the World Award" zuerkannt, gestiftet von Women Aid International und überreicht durch Lady Diana in London. Der Preis geht an Personen oder Organisationen, die sich im Bereich der Menschenrechte engagieren, die eine einzigartige Vision haben und sie auch umsetzen und die sich der Nöte der Frauen in der Welt annehmen.

Die mit den Auszeichnungen verbundenen Geldsummen wurden sofort in ihre Arbeit investiert.

Mutter Teresa nahm Ehrungen bescheiden an. Sie betrachtete Auszeichnungen als Hilfe und Anerkennung für ihr Werk. Sie war überzeugt: Was sie tut, ist Christenpflicht.

Es würde zu weit führen, all ihre Ehrungen und Ehrendoktorate aufzuzählen; erwähnt sei aber noch die Verleihung des „Friedensnobelpreises“. Diese hohe Auszeichnung wurde ihr am 10. Dezember 1979 in Oslo für die herausragende Leistung zur Förderung von Frieden und Brüderlichkeit in der Welt verliehen. Mutter Teresa nahm den Preis mit folgenden Worten entgegen:

„Der Preis ist für mich ein Zeichen der Gnade Gottes und auch ein Zeichen dafür, dass die Welt die Existenz ihrer Armen anerkannt hat und beginnt, sich um sie zu kümmern. Wir alle sind geschaffen worden, unsere Mitmenschen zu lieben. Deshalb ist es auch für die Armen die größte Ungerechtigkeit, wenn sie von niemand geliebt werden. … Ich glaube, es ist wichtig, dass wir unser Leben schön leben; denn Jesus ist bei uns, und er liebt uns. Wenn wir uns nur immer erinnern könnten, dass Gott uns liebt, und wir eine Gelegenheit haben, andere zu lieben, wie er uns liebt, nicht in großen Sachen, sondern in kleinen Dingen mit großer Liebe, dann wird aus Norwegen ein Hort der Liebe.“

Kritik an Mutter Teresas Werk

Mutter Teresas Wirken hat nicht nur Anerkennung gefunden, es gab auch diverse Einwände. So wurde ihr vorgeworfen, sie stopfe überall nur Löcher, statt auf einen grundsätzlichen Wandel der sozialen Verhältnisse hinzuarbeiten. Ja, sie hemme durch ihre Tätigkeit mögliche und notwendige Entwicklungsprozesse.

Einmal wurde Mutter Teresa während eines Fernsehinterviews sehr stark angegriffen: „Sie lieben die Armen, und das ist gut. Aber wie steht es mit dem Reichtum des Vatikans und der Kirche?“

Mutter Teresas Reaktion war typisch. Sie schaute den Interviewer geradewegs an und sagte: „Sir, Sie sind nicht glücklich. Irgendetwas verärgert Sie. Sie haben keinen Frieden.“ Darauf große Verblüffung. Unbeirrt fuhr sie fort: „Sie sollten Glauben haben!“ – „Und wie bekomme ich Glauben?“, fragte

Mutter Teresa, Indien 1990

der andere. „Sie sollten beten." – „Ich kann nicht beten." – „Dann werde ich es für Sie tun. Aber versuchen Sie einmal, Ihren Mitmenschen ein Lächeln zu schenken. Ein Lächeln ist wie eine Berührung. Es bringt etwas von der Wirklichkeit Gottes in unser Leben."

Der Journalist Malcolm Muggeridge fragte Mutter Teresa, ob sie nicht glaube, dass die riesige Not Kalkuttas eher den Einsatz einer Regierungsbehörde verlange, die über wesentlich größere Reserven an Geld und Menschen verfüge. Sie antwortete darauf schlicht:

> „Wir spüren selbst, dass das, was wir tun, nur ein Tropfen im Ozean ist. Aber wenn es diesen Tropfen im Ozean nicht gäbe, würde der Ozean, glaube ich, weniger sein wegen des fehlenden Tropfens.
>
> Wenn wir zum Beispiel nicht unsere Schulen in den Slums hätten – sie sind nichts, sie sind eben nur kleine Elementarschulen, in denen wir die Kinder lehren, die

Schule gern zu haben und sauber zu sein usw. – wenn wir diese kleinen Schulen nicht hätten, würden diese Kinder auf der Straße bleiben. Wir haben also die Wahl, sie entweder aufzunehmen und ihnen ein wenig zu geben oder sie auf der Straße zu lassen.

Genauso ist es mit unserem Heim für Sterbende und unserem Heim für Kinder. Wenn wir jenes Heim nicht hätten, würden die Leute, die wir aufgelesen haben, auf der Straße sterben. Ich glaube, es war der Mühe wert, das Heim zu haben, und wäre es auch nur für jene wenigen, die darin mit Gott und in Frieden schön sterben" (Muggeridge, S. 94 f.).

Vorgeworfen wurde ihr auch, dass die Situation in ihren Häusern unter fachlichem Aspekt unzureichend und primitiv sei. „Es ist allgemein bekannt, dass Mutter Teresa sich zwar ein Krankenhaus zur Verfügung stellen ließ, aber den Fahrstuhl darin verhinderte, dass sie professionelle medizinische Geräte … in ihren Sterbe- und Krankenhäusern nicht zuließ, dass die Schwestern beim Waschen von Leprakranken keine Handschuhe tragen durften … und viele dergleichen Beispiele mehr."

Das war nur verständlich, weil Mutter Teresa im Ärmsten der Armen Jesus sah und weil für sie die Armut eine überragende Bedeutung hatte. Von ihren Schwestern verlangte sie, die „Armut wie eine Mutter zu lieben". Auch Jesus „wählte die Armut, weil er wusste, dass sie das einzige Mittel ist, Gott in sich zu haben und seine Liebe auf die Erde zu bringen" (Sammer 2003, S. 145 f.).

Ärzte haben moniert, die Betreuung der Kranken und Sterbenden in ihren Häusern sei dilettantisch, die Ordensschwestern schlecht ausgebildet. Mutter Teresa hat dem immer widersprochen, die medizinische Grundausbildung ihrer Schwestern müsse genügen. Ansonsten bekämen die Patienten viel Liebe, die Liebe Gottes nämlich. Von der rettenden Liebe Gottes aber hätte die moderne Medizin keine Ahnung.

Ihr wurde auch vorgeworfen, dass die Missionarinnen der Nächstenliebe Millionenspenden aus aller Welt bekamen und noch bekommen, aber was genau mit diesem Geld passiert, darüber hat der Orden nie Rechenschaft abgegeben. Sie sagte dazu: „Christus hat sich auch nicht mit Buchhaltung beschäftigt. Unsere Zeit gehört den Armen."

Mutter Teresas Spiritualität – ihr „Leben für Jesus"

> „Mutter Teresas Spiritualität lässt sich mit den Kreuzesworten Jesu ‚Mich dürstet' zusammenfassen, die in jeder Ordenskapelle beim Kruzifix angebracht sind und von ihr sinngemäß ergänzt werden mit ‚nach Liebe'. Sie und die Missionarinnen der Nächstenliebe stillen … den Liebesdurst Jesu durch die so genannten Werke der geistigen und leiblichen Barmherzigkeit, von ihnen bündig als ‚Nächstenliebe' bezeichnet" (Sammer 2003, S. 96).

Für Mutter Teresa war die Passion Jesu bevorzugter Gegenstand der Betrachtung. Die Schwestern haben Anteil an der Passion Christi, indem sie sich durch die Ablegung der Gelübde ganz an ihn binden und in jedem Leidenden Christus sehen, den sie mit Liebesdiensten trösten wollen. Auf diese Weise heiligen sie sich selber. „Heiligkeit ist eine beständige Pflicht für Sie und für mich", so Mutter Teresa und meinte damit nicht nur ihre Schwestern, sondern letztlich alle Menschen.

Neben der Leidensfrömmigkeit spielte in Mutter Teresas geistlichem Leben die Herz-Jesu- sowie die Herz-Marien-Verehrung eine große Rolle. Das geöffnete Herz Jesu zeigt die Liebe des Heilandes zu den Menschen, der sein Leben für uns hingab. Diese große Liebe soll von den Schwestern erwidert werden, indem sie sich dem Leidenden, letztlich Christus, zuwenden und ihm Liebesdienste erweisen. Auf diese Weise folgen sie Christus nach und werden ihm immer ähnlicher.

Ihren Orden weihte sie dem Herzen Mariens, das so viel Liebe für ihren leidenden Sohn hegte und das selber von einem Schwert durchbohrt wurde. Die liebevolle und herzensreine Gottesmutter sollte Vorbild für sie und ihre Schwestern sein.

Mutter Teresa lebte in radikaler Weise nach dem Evangelium. Sie nannte es ihr „Leben für Jesus".

Der Geist, von dem Mutter Teresas Arbeit durchdrungen war, ist der eigentliche Grund, warum sich so viele junge Menschen drängen, ihrem Orden beizutreten, und warum sie in der ganzen Welt so viel Interesse und Achtung weckte. Es entsprang dies alles der Einstellung Mutter Teresas zum menschlichen Leben und ihrer so besonderen Persönlichkeit. Dieser Geist war klar und fest in ihrem christlichen Glauben verwurzelt, der so unbedingt war, dass sie eher sich selbst und ihr Werk aufgegeben hätte, als ihn zu vergessen oder auch nur einen Augenblick an ihm zu zweifeln: „Niemand kann mir meinen Glauben nehmen. Ich wäre eher bereit, mein Leben herzugeben als meinen Glauben."

Der ungeteilte Glaube sprach immer aus ihr. Er war es, der sie die schwere Arbeit ertragen ließ, er war die Basis ihres Wirkens. Sie sagte darüber:

> „Der Glaube ist ein Geschenk Gottes. Ohne ihn gäbe es kein Leben: Um Früchte zu tragen, um nur Gott anzugehören, um zu gelingen, muss unser Werk auf den Glauben aufgebaut sein … Es gibt zu wenig Glauben, weil es zu viel Egoismus und Besitzgier gibt. Echter Glaube muss großherzig sein. Liebe und Glaube gehören zusammen – sie ergänzen einander" (Geistliche Texte, S. 8).

Mutter Teresas Werk ist begründet auf dem Glauben, dass Christen Christus gleichen sollen, und auf dem Glauben an die Jesusworte in Mt 25,35–40: „Denn ich war hungrig, und ihr habt mir zu essen gegeben; ich war … Amen, ich sage euch: Was ihr für einen meiner geringsten Brüder getan habt, das habt ihr mir getan."

Sie führte diesen Gedanken weiter aus:

„Als ich hungrig war, gabst du mir zu essen.
Als ich durstig war, gabst du mir zu trinken.
Was auch immer du dem Geringsten meiner Brüder tust,
das tust du mir.
Nun tritt ein in das Haus meines Vaters.
Als ich obdachlos war, öffnetest du deine Türen.
Als ich nackt war, gabst du mir deinen Rock.

Als ich müde war, halfst du mir Ruhe finden.
Als ich ängstlich war, sänftigtest du all meine Furcht.
Als ich klein war, lehrtest du mich lesen.
Als ich einsam war, gabst du mir Liebe.
Als ich im Gefängnis war, kamst du in meine Zelle.
Als ich auf dem Krankenbett lag, pflegtest du mich.
Im fremden Land schenktest du mir Heimat.
Als ich arbeitslos war, fandest du Arbeit für mich.
Als ich in der Schlacht verwundet war,
verbandest du meine Wunden.
Als ich nach Güte verlangte, hieltest du meine Hand.
Als ich Neger war oder Chinese oder Weißer,
verspottet und beleidigt, trugst du mein Kreuz.
Als ich alt war, schenktest du mir dein Lächeln.
Als ich ruhelos war, hörtest du mich geduldig an.
Du sahst mich bedeckt mit Speichel und Blut.
Du erkanntest mich,
obwohl ich schmutzig war von Schweiß.
Als man mich auslachte, standest du mir zur Seite.
Als ich glücklich war, teiltest du meine Freude."

Was Mutter Teresa in ihrer Dankrede anlässlich der Verleihung des Friedensnobelpreises sagte, ist deshalb typisch für sie: Sie betonte, dass sie den Preis nicht als Auszeichnung für sie persönlich annehme, sondern stellvertretend „für die Nackten, Hungrigen, Verkrüppelten, Blinden und Armen, sowie für alle Menschen, die ausgestoßen sind".

Außerdem bekräftigte sie dabei nochmals: Wenn sie die Armen berühre, so berühre sie den Leib Christi. Mit den Armen nähre sie den hungrigen Christus, bekleide sie den nackten Christus und gewähre sie dem heimatlosen Christus Schutz. Sie sieht Christus in jedem menschlichen Wesen (vgl. Mt 25,40), und dies macht in ihren Augen die Menschen heilig. Der christliche Glaube ist also die Basis für Mutter Teresas Werk.

Mutter Teresa arbeitete unter und für Menschen, die überwiegend nicht ihrer Religion angehörten. Sie wirkte als Europäerin mit indischem Pass unter Indern, aber dies war kein Hindernis. Und vielleicht ist es richtiger zu sagen, dass die in ihrem Geiste ausgeführten Werke alle Hindernisse überwunden haben.

Angehörige anderer Glaubensrichtungen unterstützten tatkräftig ihre Bemühungen und zollten ihr höchste Anerkennung. Einerseits bekannte sie mit kaum zu überbietender Offenheit ihren christlichen Glauben und gleichzeitig begegnete sie allen Andersgläubigen mit grenzenloser Liebe. Sie empfahl den Hindus, bessere Hindus zu werden, den Moslems bessere Moslems, für sie war aber immer klar, dass Jesus Christus ihr Herr und Meister war.

Für die Christen sämtlicher Konfessionen schließlich war sie einerseits Vorbild, andererseits aber auch Mahnerin zu einem glaubwürdigen Leben in der Nachfolge Christi. Über alle Konfessionsgrenzen hinweg wurde diese einfache Nonne mit ihrer ungewöhnlichen Liebe zu Jesus und ihrer außergewöhnlichen Erscheinung zu einer Einheit stiftenden Vermittlerin.

Mit ihren einfachen, aber so bewegenden Anliegen fand sie in den reichen, hoch technisierten Ländern begeisterte Zuhörer, Unterstützer und Mitarbeiter. Sie war und ist ein Aushängeschild des katholischen Glaubens.

Durch ihre Worte und Taten, die in ihrem tiefen Glauben wurzelten, gab sie gerade auch den so genannten Ungläubigen, denen sie immer mit besonderem Wohlwollen begegnete, unzählige Gelegenheiten, ihre oft festgefahrenen Ansichten noch einmal zu überdenken.

Mutter Teresa hat es verstanden, das Gewissen vieler Menschen in Indien und in der ganzen Welt wachzurufen.

Der frühere indische Staatspräsident V. V. Giri sagte einmal über sie: „Ich bin überzeugt, dass die Menschheit Hoffnung bewahren kann, solange es Persönlichkeiten wie Mutter Teresa gibt."

Eucharistie und Gebet

Um das schwere Los der Ärmsten der Armen mittragen zu können, ist das Leben der Missionarinnen der Nächstenliebe eng verbunden mit der heiligen Eucharistie und dem Gebet.

Die heilige Messe ist die geistige Nahrung, die die Schwestern am Leben erhält und ohne die sie keinen Tag und keine einzige Stunde im Leben ertragen könnten.

In der Eucharistie sehen sie Christus in der Gestalt des Brotes, in den Armen sehen sie Christus in der Verkleidung der Armen. Die Liebe zur Eucharistie und die Liebe zu den Armen sind für die Missionarinnen der Nächstenliebe eins. Um ihre Arbeit vollbringen zu können, brauchen sie die tiefe Vereinigung mit Christus, diese tiefe Liebe und das Gebet.

Deshalb beginnen die Schwestern ihren Tag mit der heiligen Messe, der Kommunion und der Meditation, innerhalb des Tages haben sie eine Stunde der Anbetung. Auf dieser Verbindung zur heiligen Eucharistie gründen die Stärke, die Freude und die Liebe der Missionarinnen der Nächstenliebe. Das Gebet ist das Fundament, auf dem alles andere ruht.

> „Es ist nicht möglich, sich im Apostolat zu betätigen, ohne ein Mensch des Gebetes zu sein, ohne sich selbst bewusst zu vergessen und sich dem Willen Gottes zu unterstellen. Wir müssen uns unserer Einheit mit Christus bewusst sein, wie er sich seiner Einheit mit seinem Vater bewusst war. Unser Handeln ist nur dann wirklich apostolisch, wenn wir ihm erlauben, in uns und durch uns zu wirken mit seiner Kraft, mit seinem Verlangen, mit seiner Liebe" (Geistliche Texte, S. 11).

Nur durch das Gebet sind die enormen körperlichen und seelischen Belastungen der Arbeit unter den Armen zu ertragen. Das Gebet war Mutter Teresas Treibstoff. Ausgepumpt, erschöpft und leer nach einem Tagwerk, das selbst viele jüngere Leute in die Knie gezwungen hätte, ging sie in die Kapelle und kam nach einer Weile sichtlich gestärkt heraus, erfüllt und bereit, Gottes Werk fortzusetzen.

Mutter Teresa ermahnte ihre Schwestern oft:

> „Betet gern – ihr sollt oft während des Tages die Notwendigkeit des Gebets empfinden, und gebt euch Mühe zu beten. Das Gebet macht das Herz weit, bis es fähig ist, Gott, der sich euch schenkt, aufzunehmen. Betet und sucht, und

euer Herz wird groß genug werden, um ihn zu empfangen und ihn als euer Eigen zu behalten."

Mutter Teresas Dasein war ein lebendiges Gebet: „Mein Geheimnis ist ganz einfach: Ich bete. Und durch mein Gebet werde ich eins mit der Liebe Christi und sehe, dass beten ihn lieben, dass beten mit ihm leben heißt, und das bedeutet, seine Worte wahr zu machen ... Beten heißt für mich, 24 Stunden lang eins mit dem Willen Jesu zu sein, für ihn, durch ihn und mit ihm zu leben."

Für Mutter Teresa hatte die Notwendigkeit, sich zurückzuziehen und allein mit Gott zu sein, genauso viel Bedeutung wie ihre Arbeit. Ihre alles verzehrende Arbeit sah sie als von Gott geschenkte Zeit für das Gebet an: „Oft ist ein Blick auf Christus das beste Gebet: Ich schaue ihn an, er schaut mich an; das ist das vollkommenste aller Gebete."

Stille

Mutter Teresa brauchte die Stille, um Gott vernehmen zu können, ihn in ihrem Herzen sprechen zu hören:

„Gott ist der Freund der Stille. Seht, wie die Natur – Bäume, Blumen, Gräser – in der Stille wächst; seht die Sterne, den Mond und die Sonne, wie sie in der Stille sich bewegen. Ist es nicht unsere Sendung, Gott den Armen in den Slums zu geben? Nicht einen toten, sondern einen lebenden, liebenden. Je mehr wir im stillen Gebet empfangen, desto mehr können wir in unserem tätigen Leben geben. Wir brauchen die Stille, um Seelen anrühren zu können. Das Wesentliche ist nicht, was wir sagen, sondern was Gott uns und durch uns sagt. Alle unsere Worte werden nutzlos sein, wenn sie nicht von innen kommen; Worte, die nicht das Licht Christi geben, vermehren die Dunkelheit" (Muggeridge, S. 56).

Bei anderer Gelegenheit sagte Mutter Teresa:

„Menschen, die das Gebet lieben, lieben die Stille. Wir werden uns nicht in die Gegenwart Gottes versetzen können, ohne uns zu einer inneren und äußeren Stille zu zwingen. Deshalb müssen wir uns an eine Stille des Geistes, der Augen und der Zunge gewöhnen."

Die Zeiten der Stille in der Kapelle vor dem Tabernakel mussten umso intensiver sein, je hektischer ihr gewöhnlicher Tagesablauf war. Ihren Schwestern empfahl sie auch eindrücklich, den Herrn im Schweigen und in der Stille zu suchen. So wurde auch deren Arbeitsrhythmus darauf ausgerichtet. Die äußeren Verhältnisse machten die Verwirklichung dieses Anliegens sehr schwierig. Das Mutterhaus in Kalkutta liegt z. B. an einer stark frequentierten, achtspurigen, nicht asphaltierten Durchgangsstraße. Mutter Teresa betonte:

„Wir brauchen Stille, um allein mit Gott zu sein, zu ihm zu sprechen, ihm zuzuhören, über seine Worte tief in unseren Herzen nachzusinnen. Wir müssen allein mit Gott sein in der Stille, um erneuert und gewandelt zu werden. Stille gibt uns einen neuen Ausblick auf das Leben. Darin sind wir erfüllt von der Energie Gottes selbst, die uns alles mit Freude tun lässt" (Spink, S. 97).

In all dem Lärm und Getöse der Welt ist es notwendig, Stille zu erfahren. Die Stille finden wir in der Natur, auf einer Wanderung in einem abgelegenen Tal, wo uns die Natur in ihrer Vielfalt zum stillen Betrachten einlädt und wo höchstens das Plätschern eines nahen Baches oder der Laut eines Tieres die Stille durchbricht. Aber in einer Stadt wie Kalkutta, wo der Lärm niemals aufhört und die Stille gegen die vielfältigen Geräusche und die Rastlosigkeit keine Chance hat, kommt es darauf an, die Stille im Herzen zu beherbergen.

Mutter Teresa besaß diese Fähigkeit. Sie hatte diesen inneren Ruheort, in dem sie ihre Kraft empfing. Um die innere Stille zu ermöglichen, die die Basis für ein tätiges Leben im Glauben legt und Wurzel der Einheit mit Gott ist, riet Mutter Teresa ihren Schwestern, auf Folgendes zu achten:

„Stille in den Augen zu erfahren, indem wir immer die Schönheit und Güte Gottes suchen, und sie vor den Mängeln der anderen verschließen und vor allem, was sündhaft ist und die Seele stört.

Stille in den Ohren zu erfahren, indem wir immer auf die Stimme Gottes und den Schrei der Armen und Notleidenden horchen, und sie vor all den anderen Stimmen verschließen, die vom Bösen stammen oder aus der gefallenen menschlichen Natur – Geschwätz, Gerüchte, liebloses Gerede.

Stille der Zunge zu erfahren, indem wir Gott loben und das Leben spendende Wort Gottes sprechen, das Wahrheit ist, erleuchtet und inspiriert, Frieden, Hoffnung und Freude bringt, und indem wir uns der Selbstrechtfertigung und jeglichen Wortes enthalten, das Dunkel, Chaos, Schmerzen und Tod verursacht.

Stille des Geistes zu erfahren, indem wir ihn der Wahrheit und der Erkenntnis Gottes im Gebet und in der Kontemplation öffnen, wie Maria, die den Wundern des Herrn in ihrem Herzen nachsann, und indem wir uns allen Unwahrheiten, Ablenkungen und zerstörerischen Gedanken wie vorschnellem Urteil, Verdächtigung oder Rachsucht gegenüber verschließen.

Stille des Herzens zu erfahren, indem wir Gott von ganzem Herzen, von ganzer Seele, mit ganzem Geiste und aller Kraft lieben und einander, so wie Gott uns liebt, indem wir nach Gott allein verlangen und alle Eigensucht, Hass, Neid, Eifersucht und Gier vermeiden“ (Spink, S. 98).

Barmherzigkeit und Güte

Das Siegel der Arbeit Mutter Teresas war stets die Achtung des Einzelnen, seines Wertes wie seiner Würde.

Die Einsamsten und Elendsten, die verlassenen Sterbenden sowie die aufgegebenen Leprakranken sind von ihr und ihren Schwestern mit warmer Barmherzigkeit ohne Überheblichkeit und Herablassung, sondern ganz im Geiste der Achtung vor Christus in jedem Menschen aufgenommen worden.

Mutter Teresa, Kalkutta 1990

In Mutter Teresas Augen ist der Mensch, der im herkömmlichen Sinn als Nehmender (der von oben herab gegebenen Geschenke) gilt, gleichzeitig auch selbst Gebender, und zwar jener, der dabei am meisten gibt. Geben, etwas von sich selbst geben, ist etwas, das wahre Freude überträgt. Und der Mensch, dem es vergönnt ist, etwas zu geben, ist dabei derjenige, der das größte Geschenk erhält.

Wo andere Leute Klienten oder Kunden sehen, sah sie Mitarbeitende; ein Verhältnis, das sich nicht auf die Erwartung von Dankbarkeit gründet, sondern auf gegenseitiges Verstehen, auf Achtung, auf einen herzlichen, menschlichen, bereichernden Kontakt.

Demut

Die Demut war für Mutter Teresa eine Grundhaltung, Sie gebrauchte dazu wiederholt den Vergleich, sie sei ein Bleistift Gottes, ja ein Bleistiftstummel in der Hand Gottes, mit dem er schreibe, was er wolle. Diese Demut, diese völlige Liebeshingabe ermöglichte ihr auch, den Auftrag Gottes gemäß ihrer zweiten Berufung anzunehmen:

> „Wir müssen demütig sein. Gottes Demut macht mich betroffen. Er hat sich selbst gedemütigt. Er, der die Fülle der Gottheit besaß, nahm die Gestalt eines Knechtes an. Und auch heute noch zeigt er seine Demut, indem er sich so unzulänglicher Werkzeuge bedient, wie wir es sind, schwacher, ungeeigneter, unvollkommener Werkzeuge" (Le Joly, S. 226).

Mutter Teresa wollte, dass ihre Schwestern genauso demütig sind, wie Jesus es war, und ermahnte sie deshalb:

> „Lasst keinen Stolz und keine Eitelkeit in der Arbeit sein. Die Arbeit ist Gottes Arbeit, die Armen sind Gottes Arme. Stellt euch ganz unter den Einfluss Jesu, sodass er seine Gedanken in eurem Gemüt denken, sein Werk durch eure Hände tun kann, denn ihr werdet mit ihm, der euch stärkt, allmächtig sein" (Muggeridge, S. 57).

Mutter Teresas Demut wurde mit zunehmendem Alter und wachsender Popularität auf eine harte Probe gestellt. Schon bald nannte man sie den „Engel der Armen", „die Heilige" etc., was sie in eine schwierige Situation brachte. Doch diese Prüfung bestand sie auf vorbildliche Weise, indem sie ihren Dienst weiter erbrachte, und die große Aufmerksamkeit, die ihr dabei zuteil wurde, zum Lob Gottes und zum Wohl der Armen dankbar annahm:

„Demut ist nichts als Wahrheit. Was haben wir, was wir nicht empfangen hätten?, fragt Paulus. Wenn wir davon überzeugt sind, werden wir niemals stolz und herablassend sein. Wenn ihr demütig seid, berührt euch nichts, weder Lob noch Tadel, weil ihr wisst, was ihr seid. Wenn man euch tadelt, entmutigt es euch nicht. Wenn man euch Heilige nennt, hebt ihr euch nicht selbst auf den Sockel. Selbsterkenntnis lässt uns niederknien."

Dienen mit Freude

Mutter Teresa und ihre Schwestern erachten ihre Arbeit als eine geliebte Pflicht, keine Bürde. Sie wollen „etwas Schönes für Gott tun".

Viele Besucher haben ihre ersten Eindrücke aus Mutter Teresas Heimen für die Sterbenden, die von den Straßen hereingebracht wurden, oder aus den Zentren für die Aufnahme der ausgestoßenen Leprakranken berichtet. Solche Eindrücke müssen herzzerreißend sein, aber bald fühlt sich der Besucher überwältigt durch die Atmosphäre des heiligen Ernstes und der Freude, welche die Schwestern um sich schaffen. Trotz des tiefen menschlichen Leids und Elends um sie herum verbreiten die Schwestern eine außergewöhnliche Freude.

Das Leben Mutter Teresas und ihrer Schwestern ist ein Leben strengster Armut und langer Nächte der Arbeit, ein Leben, das nur wenig Raum bietet für andere Freuden, ausgenommen diese kostbarste Erfüllung.

Keine Stunde, kein Tag ist verloren für Mutter Teresa und ihre Schwestern in Kalkutta, für sie sind es alles Stunden und

Tage der Freude. Wer bei der Arbeit bei den Elenden nicht fröhlich sein kann, hat in Mutter Teresas Orden nichts zu suchen, denn Heiterkeit ist ein Grundzug ihres Lebens:

„Freude ist Gebet,
Freude ist Stärke,
Freude ist Liebe,
Freude ist ein Netz von Liebe, mit dem man Seelen fangen kann.
Gott liebt den fröhlichen Geber.
Am meisten gibt, wer mit Freude gibt.
Die beste Weise, Gott und den Menschen unsere Dankbarkeit zu zeigen, ist, alles mit Freude anzunehmen.
Ein fröhliches Herz ist in der Regel das Ergebnis eines Herzens, das vor Liebe brennt.
Lasst niemals etwas euch so mit Sorgen erfüllen, dass ihr die Freude des auferstandenen Christus vergesst.
Wir alle sehnen uns nach dem Himmel, wo Gott ist, aber es steht in unserer Macht, schon jetzt mit ihm im Himmel zu sein, in eben diesem Augenblick glücklich mit ihm zu sein. Aber jetzt mit ihm glücklich sein heißt:
lieben, wie er liebt,
helfen, wie er hilft,
geben, wie er gibt,
dienen, wie er dient,
retten, wie er rettet,
vierundzwanzig Stunden bei ihm sein,
ihn in seiner jämmerlichen Verkleidung berühren“ (Muggeridge, S. 58 f.).

Solcher Freude maß Mutter Teresa größte Bedeutung bei, denn die Armen sollten nicht nur Dienst und Hingabe bekommen, sondern auch Freude, die zur menschlichen Existenz gehört.

Malcolm Muggeridge war von der Ausstrahlung der Missionarinnen der Nächstenliebe tief betroffen. Er meinte einmal, das Leben der Schwestern sei gewiss hart und streng, aber er habe nie so fröhliche und glückliche Frauen getroffen oder eine solche Atmosphäre der Freude, wie sie sie schaffen.

Mutter Teresa war von Liebe erfüllt: Sie liebte Gott und sie liebte die Menschen.

Raoul Follereau, ein katholischer Schriftsteller aus Frankreich, schrieb einmal über Mutter Teresa:

> „Sie ist mehr als ein Beispiel, sie ist ein Symbol: jenes der Liebe, ohne die nichts möglich ist; aber durch sie wird alles möglich. Denn nur durch die Liebe werden wir die Welt retten."

Mutter Teresa war für ihre Person erfolgreich bei der Überbrückung des Abgrundes, der heute zwischen den armen und reichen Nationen besteht. Ihre Ansicht über die Würde des Menschen hat eine Brücke gebaut. Unbelastet und natürlich hat sie den Abgrund auf dieser Brücke überschritten.

Ihre Botschaft hat ein Echo unter Menschen eines anderen Glaubens gefunden. Auch in deren Tradition findet man die Suche nach den gleichen Antworten auf jene Fragen, die ein Teil unserer menschlichen Existenz ausmachen.

Mutter Teresa hat früher einmal gesagt: „In den zwanzig Jahren meiner Arbeit unter den Menschen ist es mir immer klarer geworden, dass die schwerste Krankheit, die ein menschliches Wesen überhaupt erfahren kann, die ist, unerwünscht zu sein."

Sie glaubte, dass die schlimmste Krankheit von heute nicht die Lepra oder Tuberkulose ist, sondern eben dieses Gefühl des Unerwünschtseins, der Ausgestoßenheit und des Verlassenseins von allen.

Es waren gerade Menschen in dieser Not und Angst, die Ärmsten der Armen, die zuerst Schutz bei Mutter Teresa gefunden haben. Ihre Arbeit war stets, sicherzustellen, dass diese Menschen sich des Gefühls des Empfangenwerdens und der Anerkennung erfreuen konnten, als Menschen mit eigener Würde und mit Anspruch auf Achtung.

Mutter Teresa sagte über die Liebe:

„Die Armen müssen wissen, dass wir sie lieben, dass sie erwünscht sind. Sie selbst haben nichts zu geben außer Liebe. Wir fragen uns, wie wir diese Botschaft der Liebe und des Mitfühlens verständlich machen können. Wir versuchen, der Welt durch unsere Arbeit Frieden zu bringen. Aber ist diese Arbeit nicht das Geschenk Gottes? Die Menschen von heute hungern nach Liebe, nach verstehender Liebe, die die einzige Antwort auf Einsamkeit und bittere Armut ist.

Deshalb können wir in Länder wie England und Amerika und Australien gehen, wo es keinen Hunger nach Brot gibt. Aber dort leiden die Leute unter schrecklicher Einsamkeit, schrecklicher Verzweiflung, schrecklichem Hass, fühlen sich unerwünscht, hilflos, hoffnungslos. Sie haben das Lächeln verlernt, sie haben die Schönheit menschlicher Berührung vergessen. Sie wissen nicht mehr, was menschliche Liebe ist. Sie brauchen jemand, der sie versteht und achtet" (Doig, S. 170).

Wichtiger als ihre Arbeit war für Mutter Teresa ihre Religiosität, ihre Liebe zu Gott. Sie sagte: „Mit Jesus ist alles möglich, denn Gott ist die Liebe"; und an anderer Stelle: „Erst im Himmel werden wir wissen, was wir den Armen schulden, weil wir ihretwegen Gott mehr lieben konnten."

So waren für Mutter Teresa die beiden zentralen Gebote – Gottesliebe und Nächstenliebe – im Kern ein einziges Gebot; eigentlich kann man sie nicht voneinander trennen.

Mutter Teresas Leben war die sichtbare Gestalt des Satzes: Wenn wir Gott nicht lieben, wie können wir unseren Nächsten lieben, und wenn wir unseren Nächsten nicht lieben, wie können wir Gott lieben?

So tat sie alles nur für Jesus, ohne ihn hätte ihr Leben keine Bedeutung gehabt. Er war der Sinn und die Erklärung für ihr Leben. Ihr Lebensplan lautete: „Wir leben für Jesus."

Gebet von Kardinal Newman

Mutter Teresa betete dieses Gebet gerne, weil es ihrer Spiritualität entsprach:

„Lieber Jesus, hilf mir, Deinen Geist zu verbreiten, wo immer ich hingehe. Überflute meine Seele mit Deinem Geist und Leben. Durchdringe mein ganzes Sein und nimm es ganz in Besitz, sodass mein ganzes Leben nur das Deine ausstrahlt.

Scheine durch mich hindurch und sei so in mir, dass jeder, mit dem ich in Verbindung komme, Deine Gegenwart in mir fühlen mag.

Lass sie nach oben sehen, und nicht länger mich sehen, sondern nur Jesus!

Bleibe bei mir, dann werde ich anfangen zu leuchten, wie Du leuchtest, so zu leuchten, dass ich für andere ein Licht bin; das Licht, o Jesus, wird nur von Dir kommen, nichts davon wird mir gehören; Du wirst es sein, der durch mich auf die anderen leuchtet.

Lass mich Dich loben in der Art, die Du am meisten liebst, indem ich den Menschen um mich ein Licht bin.

Lass mich Dich verkünden, ohne zu reden, nicht mit Worten, sondern durch mein Beispiel, durch die einnehmende Macht dessen, was ich tue, die offenbare Fülle der Liebe, die mein Herz für Dich empfindet. Amen."

Mutter Teresa – ein Beispiel für uns alle

> „Was ergibt sich aus der Armut Christi für die Christen? Die Erkenntnis – und die aus der Erkenntnis hervorgehende Praxis –, dass die Liebe Christi uns als Brüder armer und verlassener Menschenbrüder fordert, mit anderen Worten: unsere Existenz, nicht bloß unser Geld, unser persönliches Für-den-anderen-Dasein und Es-bei-ihm-Aushalten, wenn auch vielleicht jeweils in den unabdingbaren Grenzen unserer eigenen Lebenssituation" (Heinrich Spaemann).

Mutter Teresa war ein Mensch in der Nachfolge Jesu. Sie lebte fundamental und radikal das Christentum; ihr Leben stellte somit gleichsam „gelebtes Evangelium" dar.

Für uns ist Mutter Teresa ein Beispiel, wie man Not leidenden Menschen in aller Welt helfen kann. Sie fordert uns heraus, selbst das Christentum zu leben. Sie ist wie ein „Wegweiser", der den Einzelnen dazu anregt, auf seine Weise nach dem Evangelium zu leben.

Mutter Teresa fand Menschen, die sich von ihrem Beispiel anstecken ließen. Das sind ihre Schwestern und Brüder, die zum Teil aus angesehenen und wohlhabenden Familien kommen und ihr Leben für Obdachlose, Findelkinder, Aussätzige, Behinderte, Slum-Bewohner opfern.

Da sind andere, die für einige Tage, Monate oder gar Jahre Schwerkranke in den Sterbehäusern pflegen. Sogar aus Europa kommen immer wieder Helfer. Doch Europäer nach Indien zu rufen, war nicht das Anliegen Mutter Teresas. Sie wollte die Menschen hellsichtig machen für die Not in ihrer eigenen Umgebung; jeder soll die Brüder und Schwestern sehen, die ihn brauchen, und für ihren stummen Anruf offen werden.

Mutter Teresa wusste aus Erfahrung, dass der Hunger nach Liebe noch größer ist als der Hunger nach Brot und das Bewusstsein, unerwünscht, ungeliebt und unbeachtet zu sein, schlimmer ist als die Lepra. So rief sie Menschen auf, sich endlich von der „Armut des Herzens", dieser schlimmsten Krankheit, zu befreien und wirklich anzufangen zu lieben. Denn auch für unsere europäische Leistungsgesellschaft, in der Alte, Kranke und Schwache an den Rand gedrängt werden, ist Mutter Teresas Haltung revolutionär. Nichts brauchen viele Menschen heute nötiger als einfache, selbstlos dienende Liebe, das heißt eine Hilfe ohne Bedingung, Voraussetzung und Einschränkung.

Mutter Teresa formulierte während einer Ansprache anlässlich der Eröffnung eines neuen Schwesternzentrums ihr großes Anliegen an jeden Einzelnen:

„Heute liebt Gott die Welt so sehr, dass er euch und mich hingibt, um diese Welt zu lieben, um einen Teil seiner Liebe und seines Mitleids zu sein. Die Überzeugung, dass ihr und ich zuerst einmal in unserem eigenen Zuhause jene Liebe und jenes Mitleid ausüben dürfen, ist ein so schöner Gedanke. Und dann kommt unser unmittelbarer Nachbar dran. Aber kennen wir unseren Nachbarn überhaupt? Kennen wir die Armen in unserer eigenen Umgebung?

Es ist so leicht für uns, in einem fort über die Armen anderer Länder zu plaudern, außerhalb unseres Hauses, und doch haben wir die Leidenden, die Vereinsamten, die Alten, die Unerwünschten, die sich elend Fühlenden unmittelbar bei uns selbst, ohne sie zu kennen, weil wir nicht einmal Zeit aufbringen für ein Lächeln für sie. Als Mitarbeiter Jesu müssen wir zuerst einmal dies lernen. Wir brauchen weder Bomben noch Gewehre, um den Frieden in der Welt zu verwirklichen, wir brauchen nur jene Nächstenliebe und jenes Mitleid, um die wir täglich beten. Verständnisvolle Liebe, das wird Freude und Friede bringen …

Darum erbitte ich mir von euch: Versucht, eure Armen hier zu finden, zuerst in eurem eigenen Heim. Gestattet nicht, dass jemand einsam ist, dass er sich unerwünscht und ungeliebt fühlt, vor allem nicht euer eigener Nachbar. Und wenn es ein Blinder ist, geht zu ihm und lest ihm die Zeitung vor. Besorgt einfach jemand die Kommissionen, die Putzarbeiten. Alles kleine Dinge! Mehr ist nicht nötig" (Schweiz. Hilfswerk für Mutter Teresa, Rundbrief Nr. 19, S. 2).

Mutter Teresa wollte also keineswegs, dass wir in die Slums von Indien gehen, sondern dass wir zunächst bei uns zu Hause, natürlich auf eine ganz andere Art als sie, „für Jesus leben". Jeder Mensch hat von Gott einen anderen Auftrag erhalten. Mutter Teresa wirkte bei den Ärmsten der Armen, unsere Aufgabe ist es, eine Welt in Freude und Frieden um uns herum zu schaffen. Mit Mutter Teresas Worten:

> „Was Sie tun, kann ich nicht tun; und was ich tue, können Sie nicht tun. Aber wir alle tun, was Gott uns zu tun aufgetragen hat. Wir vergessen es nur manchmal und verbringen mehr Zeit damit, auf jemand anderen zu schauen und zu wünschen, etwas anderes zu tun" (Doig, S. 169).

Es ist bewundernswert, wie Mutter Teresas Geist der Nächstenliebe viele Menschen erfasst, vor allem auch Kinder und Jugendliche. Sie wissen, was Mutter Teresa und ihre Schwestern von ihnen wollen. Viele sind bereit, auf so manches zu verzichten und dafür Mutter Teresas Orden Spenden zukommen zu lassen. Daran kann man sehen, wie Mutter Teresa mit ihrem exemplarischen Leben und Wirken unsere nach einem Ideal suchende Jugend anspricht und ihre Herzen zu begeistern vermag.

Kaum eine Persönlichkeit verkörperte – gerade für junge Menschen – so glaubwürdig wie Mutter Teresa das christliche Gebot der Liebe zu den „Geringsten unter den Brüdern".

Mutter Teresas Beispiel animiert viele Menschen zu einem ernsthaften Leben christlicher Nächstenliebe. Neben all der materiellen Hilfe, die großzügig für die Armen geleistet wird, sind aber sicherlich auch die seelischen Impulse in unserer materialistischen Zeit von besonderer Bedeutung. Eines der Lebensmottos Mutter Teresas war: „Das Gestern ist vergangen, das Morgen wird vielleicht nie kommen, das Heute ist wichtig!" Vielleicht kann ihr Vorbild Menschen dazu anregen, die Gegenwart intensiver mit Christus und den Mitmenschen zu leben und somit die Welt im Kleinen auch ein Stück zu verbessern.

Wenn in Umfragen nach Vorbildern gesucht wurde, stand in aller Welt stets der Name Mutter Teresa auf Platz eins, nicht nur bei Jugendlichen. Sogar Wirtschaftsführer sind von ihr begeistert. Davon zeugt folgender kurzer Presseartikel aus dem Jahr 2001: „Die verstorbene Friedensnobelpreisträgerin Mutter Teresa ist die Person, von der deutsche Manager am stärksten fasziniert sind. Das fand das Düsseldorfer Marktforschungsinstitut Ires in persönlichen Interviews unter 400 Wirtschaftsführern für die ‚Wirtschaftswoche' heraus."

Paul Danos, Dekan der Tuck School of Business in Dartmouth, USA, bildet die Firmenchefs von morgen aus. Für ihn braucht eine gute Führungskraft vor allem Selbstlosigkeit:

> „Niemand hat diese besser verkörpert als Mutter Teresa. Besonders herausragend sind für mich ihr zielbewusstes Handeln, der Glaube an ihre Mission und ihre vollkommene Hingabe an ihre Aufgabe. Sie hatte eine Vision, sie wollte den Armen helfen, alles andere war zweitrangig. Ihre Persönlichkeit, ihre Ideale und ihre Organisation bilden eine geschlossene Einheit. In Wirtschaftssprache ausgedrückt: Mutter Teresa wurde zur Marke. Aus ihrer Fähigkeit, persönliche Belange hintanzustellen und sich einer Sache ganz zu verschreiben, können angehende Führungskräfte viel lernen" (Financial Times Deutschland 2005).

Wir können nicht alle unser Leben so in den Dienst selbstloser Liebe stellen wie Mutter Teresa. Was wir aber können, ist, nach unseren Möglichkeiten in ihren Spuren zu gehen. Eine „einfache" Anleitung dazu – und diese ist schon ziemlich „schwierig" – gibt uns Mutter Teresa mit auf unseren Lebens- und Liebesweg:

„Tu es trotzdem!"

„Manche Leute sind unvernünftig, unlogisch und egozentrisch;
vergib ihnen trotzdem.
Wenn du freundlich bist, werden Leute dir selbstsüchtige und versteckte Motive vorwerfen;
sei trotzdem freundlich.
Wenn du erfolgreich bist, wirst du einige falsche Freunde und einige wahre Feinde gewinnen;
sei trotzdem erfolgreich.
Wenn du offen und ehrlich bist, wird es wahrscheinlich Leute geben, die dich betrügen;
sei trotzdem offen und ehrlich.
Wenn du froh und heiter bist, wird es wahrscheinlich Leute geben, die neidisch und eifersüchtig sind;
sei trotzdem fröhlich.
Was du in Jahren aufbaust, könnte jemand in einer Nacht zerstören;
baue trotzdem.
Das, was du heute Gutes tust, mögen die Leute morgen schon wieder vergessen haben;
tu trotzdem Gutes.
Gib der Welt das Beste, was du hast – und wenn es auch nie genug ist;
gib der Welt trotzdem das Beste, was du hast.
Siehst du, in der Endsumme ist alles zwischen dir und Gott;
es ging eigentlich auch nie um dich und sie."

(Dieser Text von Mutter Teresa ist in eine Wand im Kinderheim „Shishu Bhavan" in Kalkutta eingraviert.)

Literaturnachweis

Renzo Allegri, Mutter Teresa, München, 2. Auflage 2003
Desmond Doig, Mutter Teresa, Freiburg im Br., 6. Auflage 1978
Christian Feldmann, Die Liebe bleibt, Freiburg im Br. 1997
Bernward Konermann, Mutter Teresa – Heiligkeit ist kein Luxus, in: Michael Neumann (Hg.), Der Friedens-Nobelpreis von 1979 bis 1982, Zug 1992
Roswitha Kornprobst (Hg.), Beten mit Mutter Teresa, Kevelaer 2005
Edward Le Joly, Wir leben für Jesus, Freiburg im Br. 1978
Malcolm Muggeridge, Mutter Teresa, Freiburg im Br., 3. Auflage 1978
T. T. Mundakel, Der Engel der Armen, München 2003
Mutter Teresa, Zeiten der Barmherzigkeit, Freiburg im Br., 2. Auflage 1995
Mutter Teresa von Kalkutta, Geistliche Texte, Mainz, 2. Auflage 1978
Josef Neuner, Mutter Teresas Charisma, in: Geist und Leben 74 (2001) S. 336–348
Marianne Sammer, Mutter Teresa, München 2006
Marianne Sammer, Mutter Teresa begegnen, Augsburg 2003
Schweiz. Hilfswerk für Mutter Teresa, Rundbrief Nr. 19, Luzern 1979
Kathryn Spink, Mutter Teresa, Bergisch Gladbach 1997

Quellenverzeichnis

Texte

Die Ansprachen Papst Johannes Pauls II. anlässlich der Seligsprechung von Mutter Teresa (S. 58 und S. 62) wurden abgedruckt mit freundlicher Genehmigung des Verbands der Diözesen Deutschlands, Bonn.

Bilder

Alle Fotos: © K. H. Melters, missio Aachen.

Ebenfalls erschienen bei

Topos plus

Mutter Teresa

Die wahre Liebe

Geistliche Texte

ca. 104 Seiten

ISBN 978-3-7867-8623-8

Topos plus Taschenbuch

Band 623